Kreative Bewegungserziehung – Bewegungstheater

Dank

Ein Buch zu schreiben, zumal wenn es ein Praxisbuch sein soll, ist ein spannendes und aufwendiges Unternehmen. Ohne die Hilfe von Freundinnen und Freunden, Kolleginnen und Kollegen ist das kaum sinnvoll machbar. Für die vielfältige, engagierte und freundschaftliche Hilfe bei der Erstellung dieses Buchs möchte ich mich herzlich bedanken bei Petra Haars, Jutta Hercher, Karsten Hoppe, Götz und Helga Neuber, Martin Schönwandt, Volker Stankewitz, Renate Zimmer, Alexa Deutz, Heike Stöcker-Müller sowie den Kindern und Eltern der Klasse 1c der Gemeinschaftsgrundschule Uferstraße in Leichlingen, Ivonne Reuter sowie den Kindern und Eltern der Bewegungstheater-AG der Geschwister-Scholl-Schule in Monheim-Baumberg und nicht zuletzt bei meinen Kindern Lina und Paul und meiner Frau Frauke Neuber.

Lohmar, im Juni 1999
Nils Neuber

Wo Sport Spaß macht

NILS NEUBER

KREATIVE BEWEGUNGSERZIEHUNG – BEWEGUNGSTHEATER

Meyer & Meyer Verlag

Die Deutsche Bibliothek – CIP Einheitsaufnahme

Neuber, Nils:
Kreative Bewegungserziehung - Bewegungstheater/
Nils Neuber.-
Aachen : Meyer und Meyer, 2000
(Wo Sport Spaß macht)
ISBN 3-89124-595-5

© 2000 by Meyer & Meyer Verlag, Aachen
Olten (CH), Wien, Oxford, Québec, Lansing/Michigan, Adelaide,
Auckland, Johannesburg, Budapest
Titelfoto: Foto Design Agentur Volker Minkus, Isernhagen
Fotos: Volker Stankewitz und Nils Neuber
Grafiken: Grafik-Partner, Werbung und Computer-Vertriebs GmbH,
Weiterstadt-Gräfenhausen
Lektorat: Dr. Irmgard Jaeger, Aachen
Umschlaggestaltung: Birgit Engelen, Stolberg
Lithos, Umschlag- u. Satzbelichtung: frw, Reiner Wahlen, Aachen
Satz: Stone
Druck: Burg Verlag Gastinger GmbH, Stolberg
E-Mail: verlag@meyer-meyer-sports.com
Printed in Germany
ISBN 3-89124-595-5

Im Text wird weitgehend die weibliche Schreibweise verwendet, weil in der
Praxis der kreativen Bewegungserziehung vor allem Frauen tätig sind. Auch
wenn hier von Übungsleiterinnen gesprochen wird, sind prinzipiell Übungsleiterinnen und Übungsleiter, Erzieherinnen und Erzieher, Lehrerinnen und
Lehrer gemeint.

Inhaltsverzeichnis

Vorwort

„Kreativität" ist ein schillernder Begriff. Er wird auch in der Sport- und Bewegungserziehung häufig benutzt, ist meist sehr weit und unverbindlich gefasst, wird selten eindeutig definiert und für die Praxis ergeben sich oft nur wenig hilfreiche Anhaltspunkte.

Nicht so das von Nils NEUBER vorgelegte Konzept einer „Kreativen Bewegungserziehung". Hier wird eine fundierte Einführung in die vielfältigen Formen einer Bewegungserziehung gegeben, die die Fantasie der Kinder anspricht, ihre körperlichen Ausdrucksmöglichkeiten fördert und sie zur aktiven Mitarbeit herausfordert.

„Wie bei Hempels unter'm Sofa" oder „Wenn die Wäsche Leine zieht" – bereits die Formulierung der Themen macht neugierig und weckt hohe Erwartungen an die vorgestellte Praxis. Diese werden durch das Buch dann auch tatsächlich erfüllt: Die Bewegungsaufgaben – einfach umzusetzen und meist ohne Material durchführbar – haben gerade für Kinder eine motivierende, herausfordernde Wirkung. Sie enthalten konkrete Handlungsanweisungen, aber auch viel Freiraum zur individuellen Gestaltung.

Ausgangspunkt sind meist Alltagsbewegungen oder Alltagssituationen, die Anlass für eine Bewegungsspielidee geben. Eben das Chaos, das z.B. bei jeder Familie mit Kindern unter'm Sofa zu finden ist. Daraus entwickeln sich dann komplexe Szenen, die bis zu Formen des Bewegungstheaters ausgebaut werden können. Zum Abschluss eines jeden Themas wird ein komplettes Stundenbeispiel beschrieben, mit Einstiegsspielen, Vertiefungen und abschließenden Gestaltungsmöglichkeiten.

Das Buch stellt eine Fundgrube für jede Übungsleiterin, jede Lehrerin und Erzieherin dar, die nach neuen Wegen der Gestaltung der Bewegungserziehung sucht. Es macht schon beim Lesen Spaß und fordert die eigene Fantasie geradezu heraus. Ich wünsche ihm eine weite Verbreitung in der Praxis und viele Lehrerinnen, Erzieherinnen und Übungsleiterinnen, die es wagen, sich „zu Hempels unters Sofa" zu begeben.

Prof. Dr. Renate Zimmer
Universität Osnabrück

1 Einleitung

1. Szene: Die Kinder sitzen am Abendbrottisch und langweilen sich. Schließlich verwandelt Paul die Butterdose in ein Auto, während Lina die Gabel zur Ampel macht. Wenn die Gabel über den Tischrand guckt, ist „Rot", wenn sie unter dem Tisch verschwindet, ist „Grün". Dann kann das „Auto" fahren. Ist das kreativ?

2. Szene: Die Kinder spielen Hochzeit. Max ist der Bräutigam. Zwischen den Mädchen entbrennt ein Streit, wer die Braut spielen darf. Schließlich kommen sie darauf, dass Imke die Braut und Meike das „Braut-Schulkind" sein kann, womit sie alle einverstanden sind. Ist das kreativ?

3. Szene: Die Kinder spielen auf dem Parkplatz mit ihren Fahrzeugen. Mit Straßenkreide malen sie ein umfangreiches Wegenetz auf den Boden und befahren es mit ihren Bobby-Cars, Dreirädern, Rollern und Fahrrädern. Die parkenden Autos werden als „Berge" betrachtet und einfach umfahren. Ist das kreativ?

4. Szene: Drei „große" Mädchen haben sich aus einem Musikkanal ein Video aufgenommen und üben nun mit großer Hingabe die vorgegebenen Schrittkombinationen. Wenn man ihnen vorschlägt, etwas anders zu machen, weisen sie das entschieden als „falsch" zurück. Ist das kreativ?

5. Szene: Die Jungs spielen Fußball auf der Wiese beim Spielplatz. Als Tore haben sie ihre Jacken auf die Erde gelegt, und „Bayern München" spielt mit Stirnbändern als Kennzeichnung. Beim Elfmeterschießen wird Christian zum Fernsehkommentator und die anderen jubeln als Publikum. Ist das kreativ?

6. Szene: Zur Weihnachtsfeier zeigt die Kinderturngruppe das Märchen vom tapferen Schneiderlein. Sorgfältig haben sie ihre Texte auswendig gelernt und die Mütter haben liebevolle Kostüme genäht. Auch wenn die Aufführung noch etwas „hölzern" wirkt, bekommen die Kinder am Ende viel Applaus. Ist das kreativ?

7. Szene: Auf dem Schulhof spielen die Kinder mit Springseilen. Mit Fleiß und Ausdauer üben sie komplizierte Schrittfolgen und schwierige Wechsel und kombinieren die unterschiedlichen Elemente immer wieder neu miteinander. Am Ende entsteht fast so etwas wie eine Choreografie. Ist das kreativ?

8. Szene: Im Sportunterricht führt die Lehrerin Zirkuskünste ein. Die Kinder lernen mit Tüchern jonglieren, zweistöckige Pyramiden bauen und am Ende sogar Einradfahren. Zum Abschluss der Unterrichtsreihe zeigen sie ihre Kunststücke voller Stolz der Parallelklasse. Ist das kreativ?

Es ist nicht leicht, sich im „Kreativitätsdschungel" zurechtzufinden. Jeder hat eine eigene Vorstellung davon. Für die einen ist Kreativität eine Begabung, die man hat oder nicht hat. Für die Nächsten ist sie eine geistige Fähigkeit, die vor allem mit dem Lösen von Problemen zu tun hat. Andere beziehen den Kreativitätsbegriff auf bahnbrechende Erfindungen, die die Welt verändern.

Und wieder andere bezeichnen mit Kreativität einfach etwas, das sich vom Alltag abhebt, das „irgendwie" neu ist oder das schön bunt in Szene gesetzt ein Publikum erfreut. – Jede dieser Auffassungen ist auf ihre Art richtig. Deshalb kann man auch nicht mit Bestimmtheit sagen, welche der oben beschriebenen Szenen denn nun wirklich kreativ ist.

Im pädagogischen Feld sollte man sich jedoch sein Verständnis von Kreativität bewusst machen, weil man für die Kinder, mit denen man arbeitet, verantwortlich ist. In der Bewegungserziehung reicht es nicht aus, einfach irgendwie kreativ zu sein. In diesem Sinne wird *Kreativität* hier als umfassende – geistige, emotionale, soziale und körperliche – Fähigkeit des Menschen verstanden, durch die über den Prozess der individuellen Auseinandersetzung subjektiv bedeutsame, originelle Produkte hervorgebracht werden.

Dieses Verständnis setzt sich von einseitig kognitiven Sichtweisen ab, die Kreativität nur als geistiges Phänomen verstehen. Aus der Praxis wissen wir, dass Kinder gerade über die *motorische Auseinandersetzung* zu individuellen Problemlösungen kommen. Weiterhin wird Kreativität als *Fähigkeit* betrachtet, also als etwas, das nicht nur von der Begabung abhängig ist, sondern das man pädagogisch beeinflussen kann.

Außerdem spielt der *Prozess* der individuellen Auseinandersetzung eine wichtige Rolle. Kreative Produkte fallen normalerweise nicht vom Himmel, sondern müssen erarbeitet werden. Zwar geschieht die „Arbeit" bei Kindern vor allem im Spiel, doch müssen auch sie sich intensiv mit einer Sache beschäftigen, damit sie zu kreativen Ergebnissen kommen. Schließlich müssen die Produkte nicht objektiv neu sein, sondern es ist völlig ausreichend, wenn sie für die Person bedeutsam und *subjektiv* neu sind.

Wenn man mit diesem *pädagogischen Kreativitätsverständnis* die Bewegungserziehung unter die Lupe nimmt, stellt man fest, dass vieles, was sich „kreativ" nennt, so kreativ nicht ist. Manches Konzept setzt eher auf die Vermittlung normierter, „schöner" Bewegungen, als auf das Einräumen individueller Handlungsspielräume. Andere Ansätze legen viel Wert auf die „Verpackung" von Bewegung in fantasievolle Rahmengeschichten, geben aber den Ideen der Kinder wenig Raum.

Und immer wieder stößt man auf Konzepte, die die Kreativität zwar ausdrücklich als *Ziel* der Bewegungserziehung betrachten, ihre Möglichkeiten als *Mittel* jedoch vernachlässigen. Dabei sind beide Sichtweisen möglich. Bewegung kann ebenso zur Kreativitätsentwicklung beitragen, wie Kreativität die Bewegungs- bzw. Beweglichkeitsentwicklung unterstützen kann.

Im ersten Fall wird Kreativität durch die motorische Auseinandersetzung angeregt. Im zweiten Fall wird Bewegung (z.B. Koordinationsfähigkeit) bzw. „Beweglichkeit" (z.B. geistige Flexibilität) durch die kreative Auseinandersetzung gefördert.

Für die *kreative Bewegungserziehung* bedeutet das zum einen, dass sie Handlungsspielräume für die Kinder schaffen muss, die zum Erkunden und Entwickeln individueller Bewegungs-, Spiel- und Ausdrucksmöglichkeiten reizen. Sie muss ausdrücklich Gelegenheit zum Umsetzen *eigener* Ideen geben, die auch von den Vorstellungen der Übungsleiterin abweichen können. Der Art und Weise der Aufgabenstellung kommt damit eine besondere Bedeutung zu. Das methodische Vorgehen – und nicht etwa ein bestimmter Inhalt! – ist ausschlaggebend für das Zustandekommen des kreativen Tuns.

Zum anderen sollte die kreative Bewegungserziehung Kreativität ebenso wie Bewegung als Ziel *und* als Mittel der pädagogischen Arbeit betrachten. Der kreative Umgang mit den individuellen Bewegungs-, Spiel- und Ausdrucksmöglichkeiten eröffnet pädagogische Perspektiven sowohl im Sinne einer *Erziehung zur Bewegung* und *zur Kreativität* als auch im Sinne einer *Erziehung durch Bewegung* und *durch Kreativität* (vgl. Kap. 2.4).

Ein Bereich, der diesen Anforderungen besonders entspricht, ist das *Bewegungstheater*. Es kann als spezifische Erscheinungsform des Theaters verstanden werden, deren Hauptausdrucks-, Darstellungs- und Gestaltungsmittel die Bewegung ist. Je nach Gebrauch der Bewegung können unterschiedliche Aspekte betont werden; so gibt es z.B. Ansätze des Körpertheaters, des Tanztheaters, des Sporttheaters oder der Pantomime.

Die kreative Bewegungserziehung orientiert sich am Kölner Ansatz des Bewegungstheaters, der an der Sporthochschule Köln von Anne und Wolfgang TIEDT entwickelt wurde. Er versteht sich als integrative Fächerkombination, „in der Darstellung, Musik und Tanz (...) miteinander in enger Weise verbunden sind und sich gegenseitig durchdringen" (TIEDT 1991, 66). Spiel, Musik, Tanz, Sprache, Rhythmus und Bewegung bilden eine untrennbare

Einheit, die in den unterschiedlichs-ten Facetten zum Ausdruck kommen kann. In pädagogischer Hinsicht ist besonders bedeutsam, dass der Prozess der kreativen Auseinandersetzung immer im Vordergrund steht.

So ist es für die praktische Arbeit im Bewegungstheater charakteristisch, dass es keine vorgefertigten Stücke gibt, sondern dass die Bewegungen im Spiel bzw. in der Improvisation mit anderen immer wieder neu „erfunden" werden. Dazu können durchaus bekannte Bewegungstechniken, z.B. aus der Pantomime, dem Sport oder dem Tanz herangezogen werden, entscheidend ist aber immer der selbstständige Umgang mit diesen Bewegungsformen, *das Entwickeln eigener Bewegungszusammenhänge und -bedeutungen.*

Aufwendige Kostüme und teure Requisiten sind dafür nicht notwendig. Das Bewegungstheater gilt als „ausstattungsarmes Theater", das mit dem auskommt, was vorhanden ist. Das Experimentieren und Spielen mit den eigenen Bewegungs- und Ausdrucksmöglichkeiten geschieht hauptsächlich in *Partner- und Kleingruppenarbeit* und wird auf der Grundlage einer differenzierten Unterrichtsmethodik angeleitet. Ausgangspunkt einer Übungsstunde ist normalerweise die Bewegung; inhaltliche Vorstellungen, Bilder und Befindlichkeiten werden, so weit wie möglich, in Bewegung bzw. in Bewegungsaufgaben „übersetzt".

Insbesondere die ausdrückliche Bindung an die Bewegung ist für die kreative Bewegungserziehung interessant. Nicht Textvorgaben oder Regiepläne bestimmen das Theaterspiel, sondern die Kinder mit ihren Bewegungsbedürfnissen und -möglichkeiten. Ausgehend vom Bewegungstheater wurde ein eigenständiges *Konzept zur kreativen Bewegungserziehung* entwickelt, das die spezifischen Möglichkeiten und Bedürfnisse von Kindern im Grundschulalter aufgreift (vgl. NEUBER 1998).

Die pädagogischen, didaktischen und methodischen Grundlagen dieses Konzepts werden im Folgenden vorgestellt (vgl. Kap. 2-4). Den Hauptteil des Buchs bilden *Spielanregungen für die Praxis,* die auf der Basis von theoretischen Vorüberlegungen und praktischen Erfahrungen entstanden sind (vgl. Kap. 5). Die kreative Bewegungserziehung findet vor allem in der normalen Übungsstunde statt. Sie kann aber auch im Sinne eines *Projekts* zur Gestaltung und Aufführung eines Spielstücks führen (vgl. Kap. 6). Möglichkeiten und Grenzen der kreativen Bewegungserziehung werden abschließend noch einmal zusammengefasst (vgl. Kap. 7), bevor im Anhang

Hinweise zu weiterführender Literatur, Filmen, Musikeinsatz und Fortbildungsmöglichkeiten gegeben werden.

Außerdem findet sich hier ein Spieleindex sowie eine Übersicht über die Spielanregungen (vgl. Kap. 8).

2 Pädagogische Grundlagen

Pädagogisches Handeln zielt auf das bewusste Herbeiführen und Unterstützen individueller Lernprozesse. Es geschieht nicht um seiner selbst willen, sondern verfolgt immer bestimmte Absichten und Ziele. Die Ziele müssen begründet werden, sonst besteht die Gefahr, dass das pädagogische Handeln beliebig bleibt.

Zur Begründung der kreativen Bewegungserziehung wird auf anthropologische, lebensweltliche und entwicklungspsychologische Argumente zurückgegriffen (vgl. Kap. 2.1-2.3). Daran anschließend werden Voraussetzungen und mögliche pädagogische Bedeutungen von Kreativität und Bewegung entwickelt (vgl. Kap. 2.4).

Insgesamt sollen damit wesentliche pädagogische Grundlagen einer kreativen Bewegungserziehung für Kinder im Alter von sechs bis zwölf Jahren vorgestellt werden. Das Kapitel bildet die pädagogische Basis für die Überlegungen zur Gestaltung von Übungsstunden (vgl. Kap. 3 und 4) sowie für praktische Spielanregungen und Projektideen (vgl. Kap. 5 und 6).

2.1 Bewegung, Spiel und Gestaltung – elementare Handlungs- und Ausdrucksformen

Kinder verbinden Spiel, Musik, Tanz, Sprache, Rhythmus und Bewegung ganz selbstverständlich miteinander. Ganz gleich, ob sie Pferd und Reiter, Auto und Autofahrer oder Mutter und Kind spielen – mit Leichtigkeit übernehmen sie alle Rollen gleichzeitig, versetzen sich in Menschen, Tiere oder Gegenstände hinein, begleiten sich selbst mit Sprache, Geräusch oder Gesang.

Im Verlauf der Entwicklung gehen diese grundlegenden Bewegungs- und Ausdrucksfähigkeiten zwar oft verloren. Dennoch kann die *Verbindung von Spiel und Bewegung, Musik und Tanz, Sprache und Rhythmus* als elementarer Lebensbereich betrachtet werden, in dem sich „der Mensch erleben kann, in dem er sich schöpferisch äußern kann, in dem er seine elementar angelegten Fähigkeiten und Fertigkeiten, sich auszudrücken, sich mitzuteilen erfahren, ausweiten und anwenden kann" (TIEDT 1991, 64).

Die grundlegende Bedeutung dieses Bereichs wird auch von anthropologischen Untersuchungen mit Naturvölkern belegt, die lebenslang spielen, musizieren und tanzen. Bewegung, Spiel und Gestaltung können damit als *Grundphänomene des menschlichen Lebens* angesehen werden.

Die *Bewegung* ist Handlungs- und Ausdrucksmedium zugleich. Als Bindeglied zwischen Körper und Umgebung stellt sie den Kontakt von Innen- und Außenwelt her. Prinzipiell kann das Sich-Bewegen sowohl als menschliches Grundbedürfnis als auch als menschliche Grundfähigkeit betrachtet werden.

Die Funktionen, die die Bewegung gerade im Leben von Kindern übernimmt, sind vielfältig. So kann das Sich-Bewegen z.B. als Selbsterfahrung, als Sozialerfahrung, als Sinneserfahrung, als Welterfahrung, als Ausdruckserfahrung, als Kreativitätserfahrung und als Gefühlserfahrung erlebt werden (vgl. ZIMMER 1998).

Das Verständnis von Bewegung geht hier weit über eine sportliche Betrachtungsweise hinaus. Der Mensch bewegt nicht nur sich selbst, sondern er bewegt auch seine Umwelt und wird von ihr „bewegt". Die Übereinstimmung von „innerer" und „äußerer" Bewegung macht die Lebendigkeit eines Menschen aus. Kinder haben in dieser Hinsicht meistens noch keine Probleme; ihre Körperhaltungen und Bewegungen zeigen deutlich, was sie fühlen und denken.

Auch das *Spiel* ist eine Grundtatsache des menschlichen Lebens. Im Spiel erfährt der Mensch sich selbst und die Welt. Ebenso wie die Bewegung kann das Spiel als menschliches Grundbedürfnis und als menschliche Grundfähigkeit betrachtet werden.

Zu den zentralen Merkmalen des Spiels zählen Freiwilligkeit, Zweckfreiheit, Offenheit, Vielfältigkeit sowie das Aufgehen im eigenen Tun, das oft auch als „erfüllte Zeit" beschrieben wird. Außerdem ist ein doppeldeutiger Bezug zur Realität charakteristisch; das Spiel ist „Spaß" und „Ernst" zugleich.

Insbesondere Kinder können darum im Spiel viel lernen. So können z.B. Flexibilität und Autonomie, Problemlösungsfähigkeit und Kreativität sowie Verständnis für sachliche und soziale Sachverhalte gefördert werden. Im Symbol- und Rollenspiel können darüber hinaus Gegebenheiten aus der Lebenswelt der Kinder nachgespielt, verarbeitet und sogar vorweggenommen werden (vgl. ZIMMER 1997c).

Bewegung, Spiel und Gestaltung als elementare Handlungsformen

Allerdings spielen die Kinder nicht, um zu lernen, sondern weil sie Freude daran haben. Das Spiel findet prinzipiell um seiner selbst willen statt.

Die *Gestaltung* setzt einen gewissen Entwicklungsstand voraus und zählt damit nicht zu den elementaren Handlungsweisen kleiner Kinder. Trotzdem kann sie spätestens im Grundschulalter als menschliche Grundtatsache betrachtet werden. Der Mensch ist prinzipiell gestaltungsbedürftig und gestaltungsfähig.

Ein kreativer Mensch versucht, sein Leben nach seinen Wünschen und Vorstellungen einzurichten. Nicht nur in künstlerischen Lebensbereichen, sondern gerade auch im Alltag gestaltet der Mensch sein Leben und seine Umwelt aktiv. Er setzt sich für die Umsetzung seiner Ideen ein. Die Fähigkeit zur Selbstgestaltung gehört darum zu den zentralen Anliegen pädagogischer Bemühungen (vgl. BECKERS 1997).

In der Bewegungserziehung bezieht sich das Gestalten auf die individuellen Bewegungs- und Ausdrucksformen der Kinder. Über die Auseinandersetzung mit Bewegung erschließen sich eigene Ausdrucksmöglichkeiten. Das Gestalten von Bewegung hilft dabei, die eigenen Möglichkeiten zu erproben und zu erkennen.

Hinweise für einen pädagogischen Umgang mit Bewegung, Spiel und Gestaltung:

- Kindliche Bewegungs-, Spiel- und Gestaltungsformen beobachten und aufgreifen.
- Eigene Bewegungs-, Spiel- und Gestaltungsfähigkeiten wieder entdecken und entwickeln.
- Handlungs- und Ausdrucksweisen der Kinder nicht durch die erwachsene „Brille" bewerten.
- Das Wechselspiel von „innerer" und „äußerer" Bewegung beachten.
- Spiele nicht mit pädagogischen Zielsetzungen überfrachten, sondern um ihrer selbst willen spielen.
- Gestaltungsfähigkeiten behutsam erkunden und entwickeln.

2.2 Lebenswelten von Kindern

Der Begriff der „Lebenswelt" umfasst die individuellen und sozialen, natur-bedingten und kulturellen Gegebenheiten, in die das menschliche Leben eingebettet ist. Er bezieht sich sowohl auf die objektiven Lebens- und Erfahrungsbedingungen als auch auf das subjektive Erleben und Empfinden der Menschen. Kulturelle, soziale und gesellschaftspolitische Entwicklungen wirken sich unmittelbar auf die lebensweltlichen Bedingungen und Erfahrungen der Menschen aus. So tragen neue Familienstrukturen, soziale Ungleichheit, Arbeitslosigkeit, verändertes Freizeit- und Konsumverhalten u.v.m. zu einem rasanten Wandel subjektiver Lebenswelten bei.

Das hat insbesondere Auswirkungen auf die Lebens- und Erfahrungsmöglichkeiten von Kindern, die als Minderjährige kaum über gesellschaftliche Gestaltungsmöglichkeiten verfügen. In Anlehnung an GRÖßING (1997) können z.B. folgende Merkmale heutiger Kindheit herausgestellt werden:

1. *Geschützte Kindheit.* Materieller Wohlstand, soziale Sicherheit und gesellschaftlicher Schutz bilden an der Wende zum 21. Jahrhundert ein dichtes Netz, das Kindern ein Aufwachsen in Sicherheit ermöglicht. Medizinische Errungenschaften garantieren eine Entwicklung ohne schwerwiegende Beeinträchtigungen, ein umfassendes Schul- und Ausbildungssystem eröffnet vielfältige Zukunftsperspektiven.

2. *Bedrohte Kindheit.* Zugleich sind Kinder heute vielfältigen Gefahren ausgesetzt, die in der Vergangenheit nicht oder jedenfalls nicht derart massiv auftraten. So werden sie von klein auf mit einer Vielzahl an Informationen konfrontiert, die sie kaum verarbeiten können. Umweltschadstoffe führen trotz umfassender Gesundheitsvorsorge immer häufiger zu Krankheiten. Auch der Straßenverkehr ist zu einer immensen Bedrohung für die Kinder geworden.

3. *Passive Kindheit.* Kinder erhalten Erfahrungen zunehmend aus „zweiter Hand", verfügen immer weniger über reale Erfahrungsmöglichkeiten. Die Konsumhaltung der Erwachsenen überträgt sich auf die Kinder. Eine Vielfalt an Konsummöglichkeiten weckt ständig neue Wünsche, verschiedenste Bildungs- und Freizeitangebote locken mit immer ausgefalleneren „Erlebnismöglichkeiten", die immer seltener ernst zu nehmende Erfahrungspotenziale bieten.

4. **Entsinnlichte Kindheit.** Kinder wachsen in einer zunehmend verstädterten Umwelt auf, die wenig unmittelbare Erfahrungsmöglichkeiten bietet. Sinneserfahrungen beschränken sich weitgehend auf die körperfernen Sinne Sehen und Hören. Die Nahsinne Tasten, Riechen, Schmecken, Bewegungs- und Gleichgewichtsempfinden werden vernachlässigt und wenn, dann kaum im Zusammenhang angesprochen.

5. **Geplant-strukturierte Kindheit.** Bereits im Vorschulalter sind die Tätigkeiten der Kinder oft zeitlich festgelegt und geregelt. Der 45-Minuten-Takt der Schule tut ein Übriges, um subjektives Zeiterleben zurückzudrängen und ungeplantes, spielerisches Handeln zu erschweren. Ein spontanes, zufälliges Treffen auf der Straße weicht immer häufiger verabredeten Spielterminen mit wenigen, ausgesuchten Spielgefährten.

6. **Verinselte Kindheit.** Die zeitlich gegliederten Aktivitäten der Kinder finden oftmals in weit voneinander entfernten Räumen statt, zu denen sie mit dem Auto gebracht werden müssen. Zwischen diesen lebensweltlichen „Inseln" findet keine Auseinandersetzung mit der Umwelt statt; der Nahraum um die eigene Wohnung wird wegen der Gefahren durch den Straßenverkehr kaum noch erkundet.

Eine derart veränderte Kindheit wirkt sich zwangsläufig auch auf das *Spiel- und Bewegungsverhalten* der Kinder aus. So wird u.a. ein Rückgang der Straßenspielkultur und die zunehmende Verhäuslichung des Kinderspiels, eine Ausgliederung der Bewegungsspiele aus dem Kinderalltag in den organisierten Sport, die Abnahme von Bewegungs- und Spieltraditionen sowie eine Zunahme streng normierter Spielformen festgestellt (vgl. ZIMMER 1997b).

In Bezug auf die Kreativität werden wenig anregende Umweltbedingungen, die einseitige Ausrichtung an Richtig-Falsch-Vorstellungen, die frühzeitige Leistungsbeurteilung – auch und gerade durch die Eltern! – sowie zunehmende soziale Konformitätszwänge kritisiert (vgl. KRAMPEN u.a. 1996). Zeitliche und räumliche Ordnungsvorstellungen von Erwachsenen stehen einem ungestörten Spielfluss der Kinder immer öfter im Wege. Insgesamt wird das Spiel der Kinder immer bewegungsärmer und körperfremder, einseitiger und weniger selbst bestimmt.

Als *Folge* der massiven lebensweltlichen Veränderungen sowie des veränderten Spiel- und Bewegungsverhaltens treten immer häufiger psychosomatisch bedingte Krankheiten wie Allergien, Kopf- und Bauchschmerzen, Nervosität und Schlafstörungen auf. Der Bewegungsmangel führt zu koordinativen und konditionellen Schwächen. Untersuchungen haben ergeben, dass 30-40% der Schulkinder in Deutschland unter Koordinationsschwächen, 50-65% unter Haltungsschwächen, 20-25% unter Herz-Kreislauf-Schwächen oder Kreislaufregulationsschwächen und über 50% unter Übergewicht leiden (WEINECK 1997).

Darüber hinaus wird eine Zunahme an Verhaltensauffälligkeiten festgestellt. Viele Kinder sind mit der Bewältigung ihres Alltagslebens körperlich, seelisch, geistig und sozial überfordert, was sich nicht nur in ihrem Verhalten äußert, sondern letztlich auch fatale Folgen für ihre Selbstwahrnehmung haben kann (vgl. Kap. 2.3).

Trotz der Vielzahl an erschreckenden Befunden und Perspektiven darf jedoch nicht übersehen werden, dass Kinder durchaus *kreative Umgangsweisen* mit den veränderten Lebenswelten entwickeln. So nutzen viele Kinder die Möglichkeiten der neuen Medien zu einer selbst bestimmten Auseinandersetzung mit der Technik. Trendsportarten wie Inlineskating oder Streetball können als angemessene, intelligente Reaktion auf die veränderten Lebensbedingungen verstanden werden.

Negativ gefärbte Analysen kindlicher Lebenswelten stellen oft die „objektiven" Lebensumstände in den Vordergrund und vernachlässigen das tatsächliche Erleben der Kinder. Das spezifische Lebensgefühl der Kindheit liegt vor allem in der Unbeschwertheit des Augenblicks. Für Kinder gibt es keine „Sachzwänge"; sie „versuchen, aus dem, was sie haben, das Beste zu machen. Und anscheinend gelingt ihnen das auch – in jeder Generation wieder" (JAMPERT 1998, 22). Trotzdem ist die Pädagogik gefordert, auf die veränderten lebensweltlichen Bedingungen zu reagieren.

Hinweise für einen pädagogischen Umgang mit lebensweltlichen Veränderungen:
• Kennenlernen, Ernstnehmen und Aufgreifen kindlicher Lebenswelten.
• Betonung von Eigentätigkeit und Selbstverantwortung.
• Anbieten körperlich-sinnlicher Spiel- und Erfahrungsmöglichkeiten.
• Aufwertung spielerischer und kreativer Angebote.
• Rückeroberung von Bewegungsräumen im Wohnumfeld.
• Neubestimmung der Kategorie „Zeit".

2.3 Entwicklungspsychologische Voraussetzungen

Die Entwicklungspsychologie beschäftigt sich mit der Veränderung des Menschen über die Zeit. Entwicklungspsychologische Erkenntnisse bilden eine wichtige Grundlage für pädagogische Entscheidungen. Der Begriff der „Entwicklung" bezeichnet eine geordnete Abfolge aufeinander bezogener Veränderungen, die auch über unterschiedliche Situationen hinweg konstant bleiben.

Im Gegensatz zu früheren Ansätzen wird Entwicklung heute als *lebenslanger Prozess* verstanden, der nicht mit dem Erreichen des Erwachsenenalters beendet ist. Vielmehr wird davon ausgegangen, dass entwicklungsbedingte Veränderungen im gesamten Lebensverlauf stattfinden.

Die Orientierung an bestimmten Lebensphasen oder Altersangaben wird daher zunehmend kritisch betrachtet. Sie können zwar grobe Hinweise auf die Fähigkeiten eines Menschen geben, wichtiger ist jedoch die Wahrnehmung und Bewertung des eigenen Alters sowie der Umgang mit den individuellen Stärken und Schwächen.

Grundsätzlich muss mit einer großen *Variationsbreite* von *Entwicklungsverläufen* gerechnet werden. So wird z.B. das Laufenlernen von Kleinkindern zwischen dem 10. und 18. Lebensmonat angesiedelt. Für die Entwicklungsförderung bedeutet das, dass prinzipiell eine individuelle Betreuung erforderlich ist. Als wesentliche Einflussgrößen für die Entwicklung des Individuums gelten Faktoren im Menschen selbst sowie Umweltfaktoren.

Ohne an dieser Stelle auf die unterschiedlichen Modelle des Zusammenspiels von Person und Umwelt einzugehen, werden derzeit *interaktionistische Entwicklungstheorien* bevorzugt, die von einer vielschichtigen Wechselwirkung der Person-Umwelt-Faktoren ausgehen (vgl. BAUR 1994). Im Vordergrund dieser Sichtweise steht die aktive Rolle des Individuums. Der Mensch wird als aktives Wesen betrachtet, „das sich in der Auseinandersetzung mit seiner Umwelt weiterentwickelt und dabei diese gleichzeitig auch in hohem Maße mitgestaltet" (ZIMMER 1994, 63).

Der Einfluss der Umwelt wird insbesondere in den so genannten *Entwicklungsaufgaben* deutlich. Vor dem Hintergrund individueller Fähigkeiten, gesellschaftlich-kultureller Anforderungen und eigener Zielsetzungen sind in verschiedenen Entwicklungsphasen bestimmte Aufgaben zu bewältigen. Als Entwicklungsaufgaben des Kindesalters werden z.B. der Aufbau eines emotionalen Grundvertrauens, die Entwicklung der Intelligenz, die Entwicklung motorischer und sprachlicher Fähigkeiten sowie die Entwicklung grundlegender sozialer Kompetenzen genannt (vgl. BALZ u.a. 1997, 17ff.).

Die Entwicklungsprozesse spielen sich auf unterschiedlichen Ebenen gleichzeitig ab. Emotionale, soziale, geistige und motorische Aspekte bedingen und beeinflussen sich wechselseitig und können kaum isoliert verstanden werden. Eine Betrachtung einzelner Facetten ist dennoch hilfreich, um pädagogisch gezielt arbeiten zu können. In diesem Sinne werden im Folgenden die Teilbereiche *Bewegungs-, Kreativitäts-* und *Identitätsentwicklung* skizziert.

Bewegungsentwicklung

Die Bewegungsentwicklung im Grundschulalter ist wesentlich vom Verlauf der vorschulischen Entwicklung abhängig. Grundlegende Funktionen, die ein Kind im Säuglingsalter entwickelt, sind z.B. das gezielte Greifen, das Aufrichten des Körpers und die erste selbstständige Fortbewegung.

Im Kleinkindalter werden diese Fähigkeiten gefestigt und differenziert sowie durch Grundbewegungsformen, wie z.B. Laufen, Springen und Balancieren, erweitert. Neben der quantitativen Leistungssteigerung verbessern sich die Bewegungsabläufe qualitativ und können zunehmend kombiniert und in unterschiedlichen Situationen angewendet werden.

In den Jahren vor dem Schuleintritt werden besonders im Bereich der koordinativen Fähigkeiten sowie in der Feinmotorik deutliche Fortschritte erzielt. Insgesamt verläuft die motorische Entwicklung im Vorschulalter äußerst rasant und beeinflusst die Gesamtentwicklung der Kinder in grundlegender Weise; Motorik und Persönlichkeitsentwicklung sind in dieser Phase besonders eng miteinander verknüpft (vgl. ZIMMER 1994, 68ff.).

Mit dem Schuleintritt beginnt für die Kinder ein neuer Lebensabschnitt, der auch im motorischen Bereich Veränderungen mit sich bringt. Auf der einen Seite werden die Kinder im Klassenunterricht häufig zum Sitzen angehalten, andererseits stehen ihnen vielfältige neue Bewegungsmöglichkeiten – z.B. auf dem Schulhof – zur Verfügung. Außerdem nehmen sie normalerweise an einem regelmäßigen Sportunterricht teil. Über die Teilnahme am Vereinssport kommt es zudem bei vielen Kindern zum Aufbau und zur Differenzierung eines sportbezogenen Bewegungsrepertoires.

Allgemein zeichnet sich das Grundschulalter durch eine *massive Entwicklung der motorischen Fähigkeiten* aus. Bewegungsqualitäten verbessern sich, erste sportliche Techniken werden erworben, motorische Grundformen werden ausdifferenziert und können zunehmend kombiniert werden. Der ausgeprägte Bewegungsdrang der Kinder wird oftmals ergänzt durch eine wachsende Leistungsbereitschaft sowie die zunehmende Fähigkeit der Kinder, sich auf konkrete Bewegungsabläufe und -aufgaben zu konzentrieren (vgl. SCHEIDT 1994).

Rasante Bewegungsentwicklung im Grundschulalter

Insgesamt bietet das Grundschulalter sehr gute Voraussetzungen für motorische Beanspruchungen. Das späte Schulkindalter wird darum auch als „bestes Lernalter" für Bewegung und Sport bezeichnet.

Neben allgemeinen psychophysischen Reifungsprozessen liegen die Ursachen hierfür vor allem in der Entwicklung konditioneller und koordinativer Fähigkeiten. Konditionelle Eigenschaften wie Beweglichkeit, Schnelligkeit und Ausdauer verbessern sich deutlich; allein die Kraftentwicklung verläuft im Grundschulalter noch relativ langsam.

Im Bereich der Koordinationsfähigkeit liegen teilweise große Unterschiede zwischen einzelnen Kindern vor, insgesamt ist das Grundschulalter aber als eine Phase der „starken und ausgeprägten Steigerung der koordinativen Leistungsfähigkeit bei annähernd linearem Verlauf zu betrachten" (ROTH / WINTER 1994, 194). Motorische Fähigkeiten und Fertigkeiten bedürfen allerdings der Förderung, wenn sie sich optimal entwickeln sollen.

Hinweise zur Förderung der Bewegungsentwicklung:
- Anregen vielfältiger Körper- und Bewegungserfahrungen.
- Entwicklung allgemeiner Fähigkeiten und Fertigkeiten, statt frühzeitiger Spezialisierung.
- Haltungs- und Gesundheitsförderung durch spiel- und wahrnehmungsbetonte Aufgaben.
- Entwicklung der Koordinationsfähigkeit durch Kombination einfacher Bewegungsformen.
- Einbindung von Bewegungshandlungen in Spiel- bzw. Sinnzusammenhänge.
- Relativierung des Wettkampfgedankens durch Gruppenaufgaben.

Kreativitätsentwicklung

Die Grundlagen der Kreativitätsentwicklung liegen in der frühen Kindheit. Säuglinge bewegen sich zunächst spontan und völlig ungelenk. Das Verhalten der Kinder ist eine reine Zufallsaktivität, die sich durch eine große Vielfalt an Bewegungen und ein hohes Energieniveau auszeichnet. Auch wenn dieses Verhalten relativ schnell gewisse Strukturen annimmt, behält es doch ein hohes Maß an Spontaneität und „Flüssigkeit", was als Wurzel kreativen Denkens und Handelns angesehen wird.

Im weiteren Verlauf entwickeln die Kinder in der Auseinandersetzung mit ihrer materialen und sozialen Umwelt kognitive Strukturen, mit deren Hilfe sie denken und handeln können. In Anlehnung an PIAGET werden dabei zwei grundlegende Prozesse angenommen: Kann ein Kind seine Umwelt so beeinflussen, dass sie mit seinen Vorstellungen und Wünschen übereinstimmt, spricht man von einer *Assimilation*. Passt sich dagegen das Kind in seinen Vorstellungen und Verhaltensweisen an die Umwelt an, handelt es sich um eine *Akkomodation*. Beide Prozesse sind unmittelbar an Bewegungstätigkeiten gebunden (vgl. MONTADA 1995).

Charakteristisch für die Assimilations- und Akkomodationsprozesse in der frühen Kindheit sind u.a. eine ausgeprägte Ichbezogenheit sowie die Neigung zu Generalisierungen, wie z.B. die Personifizierung von Gegenständen (*„Die Wolken laufen über den Himmel."*).

Aus der Sicht der „Erwachsenenrealität" erscheinen diese Anpassungsleistungen oftmals als Fehler, gleichwohl können sie als *kreative Leistungen* verstanden werden, „da jedes Schema, das das Kind benutzt oder entwickelt, zu neuen Ordnungsergebnissen führt" (OERTER 1974, 350). PIAGET (zit. nach HENTIG 1998, 52) bezeichnet die Kindheit darum auch als *„schöpferische Phase par excellence"*. Besonders deutlich treten Assimilation und Akkomodation im kindlichen *Spiel* hervor. Während die frühen Funktions- und Konstruktionsspiele weitgehend auf das Begreifen der Umwelt ausgerichtet sind, beinhalten Fiktions- bzw. Symbolspiele sowie auch die späteren Rollenspiele einen hohen Ausdrucks- und Gestaltungsanteil.

Fiktions- und Rollenspiele können damit als ausgesprochen kreativ angesehen werden. So beinhaltet z.B. das Fiktionsspiel die Umdeutung eines Spielgegenstandes sowie das auf ihn bezogene Handeln nach den Wünschen und Zielen des Kindes.

Die Handlungen selbst werden aus der sozialen Umwelt des Kindes übernommen, was komplexe Assimilations- und Akkomodationsprozesse erforderlich macht. Auch im Rollenspiel werden Gegebenheiten aus der Erlebnis- und Erfahrungswelt der Kinder aufgegriffen und spielerisch umgesetzt, variiert und oft genug auch „auf den Kopf gestellt". Rollen und Situationen werden mit körperlichen Mitteln ausgedrückt und über die Bewegung dargestellt. *Bewegungs-* und *Kreativitätsentwicklung* sind eng miteinander verknüpft und sollten möglichst oft im Zusammenhang gefördert werden.

Die verschiedenen Arten des Spiels treten in einer entwicklungsbedingten Reihenfolge auf, die über unterschiedliche Kulturen hinweg beobachtet wurde. Charakteristisch ist, dass alle Spielformen – wenn auch in wechselnden Häufigkeiten – die gesamte Kindheit hindurch erhalten bleiben.

Kindheit als schöpferische Phase par excellence

Die Entwicklung der Kreativität ist weniger gut erforscht als die des Spiels. Insgesamt deuten die Untersuchungsergebnisse auf einen *diskontinuierlichen Entwicklungsverlauf* hin, d.h. die Kreativitätsentwicklung im Kindesalter verläuft unterschiedlich schnell und weist z.T. massive Brüche auf. Vor allem beim Übergang vom Kindergarten in die Grundschule sowie von der Grundschule in weiterführende Schulen kommt es zu Stillständen und sogar Rückgängen der Kreativitätsentwicklung. Zunahmen zeigen sich erst wieder, wenn sich die Kinder in ihrer neuen Umwelt eingelebt haben.

Die Befunde werden vor allem mit Anpassungsschwierigkeiten im sozialen und kognitiven Bereich erklärt. So fordert die Schule ein weitaus höheres Maß an Konzentration und gedanklicher Auseinandersetzung als der Kindergarten. Die Abnahme spielerischer, bewegungsbetonter Auseinandersetzungen führt – zumindest vorübergehend – zum Rückgang der Kreativität (vgl. KRAMPEN u.a. 1991). Nicht zuletzt deshalb bedarf die Kreativität einer gezielten Förderung.

Hinweise zur Förderung der Kreativitätsentwicklung:
• Schaffung anregender Umweltbedingungen.
• Abbau von Hemmungen und Betonung einer freundlichen Atmosphäre.
• Anbieten vielfältiger, bewegungsbezogener Spielmöglichkeiten.
• Eingrenzung von Aufgabenstellungen auf überschaubare Handlungsfelder.
• Aufgreifen und Weiterentwickeln kindlicher Symbol- und Rollenspiele.
• Abbau von Konformitätszwängen und Gruppendruck.

Identitätsentwicklung

Mit dem Begriff der „Identität" bezeichnet man in psychologischer Hinsicht das Bild, das sich ein Mensch von sich selbst gemacht hat. Eine Person „bildet" ihre Identität, indem sie Erfahrungen über sich selbst verarbeitet und dadurch zu einer mehr oder weniger konstanten Vorstellung der eigenen Fähigkeiten und Fertigkeiten, Besonderheiten und Merkmale, Stärken und Schwächen kommt. Die Entwicklung der Identität hängt insbesondere von *sozialen Rückmeldungen* ab. Zwar spielen gerade im Kleinkindalter auch materiale Einflüsse eine wichtige Rolle, die Auseinandersetzung mit anderen Menschen ist jedoch im gesamten Lebensverlauf grundlegend für die Bildung von Vorstellungen über die eigene Person.

Dementsprechend ist die Identität immer im Wandel begriffen; sie kann zwar zeitweilig stabil, niemals aber unbeweglich sein. In unterschiedlichen Lebensbereichen kann ein Mensch zudem verschiedene Identitäten haben

(*Patchwork-Identität*). Ebenso können verschiedene Teilbereiche der Identität unterschieden werden, z.B. ein kognitiver (Selbstkonzept), ein emotionaler (Selbstwertgefühl) und ein motivationaler Bereich (Kontrollüberzeugung) (vgl. HAUßER 1995).

Die Wurzeln der Identitätsentwicklung liegen in der frühen Kindheit. Schon vor der Geburt tritt ein Kind in Kontakt zu seiner Mutter. Mit Beginn der sozialen Kontaktaufnahme erhält das Kind Rückmeldungen zu seiner Person, die sich unmittelbar auf die Bildung seiner Identität auswirken.

Tatsächlich verfügen Säuglinge bereits zwischen dem zweiten und sechsten Lebensmonat über ein gewisses „Kern-Selbstgefühl". Mit etwa 18-20 Monaten können Kinder ihr Spiegelbild einwandfrei identifizieren, was auf das Erkennen des eigenen Selbst hinweist. Im Kleinkindalter erfolgt mit zunehmenden Fähigkeiten eine rasante Entwicklung des Selbstbildes.

Die Grundlage dafür bildet die *enge Verbindung von motorischer und kognitiver Entwicklung.* Über Bewegungshandlungen eignet sich das Kind die Welt an, macht es Erfahrungen von Können und Nichtkönnen, von Erfolg und Misserfolg, von Leistung und Grenzen. Insbesondere die Erfahrung der Wirksamkeit bzw. Nichtwirksamkeit des eigenen Handelns hat entscheidenden Einfluss auf das Selbstbild. Die Identitätsentwicklung ist damit unmittelbar an die Erfahrung von Körperlichkeit und Bewegung gebunden (vgl. ZIMMER 1994, 24ff.).

Die Identitätsentwicklung hängt vom sozialen Umfeld ab.

Die Untersuchungen zur Entwicklung der Identität im Grundschulalter fallen teilweise unterschiedlich aus, deuten aber insgesamt auf einen *diskontinuierlichen Entwicklungsverlauf* hin, d.h. die Identitätsentwicklung im Kindesalter verläuft unterschiedlich schnell und weist z.T. massive Brüche auf. Die Einschätzung der eigenen Fähigkeiten ist im Kindergartenalter und teilweise auch in den ersten Grundschulklassen sehr hoch. Die Kinder verfügen in diesem Alter über einen ausgeprägten Optimismus und eine robuste Selbstüberschätzung (vgl. HELMKE 1991).

Mit dem Eintritt in die Grundschule verschlechtert sich das Selbstbild häufig, was u.a. auf die Notengebung zurückgeführt wird. Auch der Übergang von der Grundschule in die weiterführenden Schulen trägt oftmals zu einem Rückgang der Identitätsentwicklung bei.

Als Gründe dafür werden u.a. soziale Anpassungsschwierigkeiten, die Zunahme äußerer Bewertungen sowie die zunehmende Verknüpfung von elterlicher Zuneigung und schulischem Erfolg genannt. Nicht zuletzt die wechselnden Umweltbedingungen machen eine gezielte Identitätsförderung erforderlich.

Hinweise zur Förderung der Identitätsentwicklung:
- Einräumen angemessener Handlungsspielräume.
- Anbieten bewegungsbezogener Erprobungsmöglichkeiten.
- Anregen sozialer Interaktion und Kommunikation.
- Förderung des Gemeinschaftsgefühls in der Gruppe.
- Ermöglichen von Selbstwirksamkeitserfahrungen.
- Differenzierte, individuelle und sachbezogene Rückmeldungen.

2.4 Zur pädagogischen Bedeutung von Kreativität und Bewegung

Kreativität und Bewegung haben im Rahmen von Erziehungsprozessen eine große Bedeutung. Sofern sie verantwortlich angeleitet werden, können sie sowohl Ziel als auch Mittel pädagogischer Arbeit sein. In diesem Sinne kann eine *Erziehung zur Kreativität* und *zur Bewegung* von einer *Erziehung durch Kreativität* und *durch Bewegung* unterschieden werden. Das Verhältnis der beiden Bereiche ist wechselseitig. Im Rahmen der kreativen Bewegungserziehung kann Kreativität ebenso zur Bewegungsentwicklung beitragen, wie Bewegung die Kreativitätsentwicklung unterstützen kann (vgl. Kap. 1).

Die *pädagogischen Begründungen* von Kreativität und Bewegung sind vielfältig. So können anthropologische, lebensweltliche und entwicklungspsychologische Argumente für eine kreative Bewegungserziehung genannt werden (vgl. Kap. 2.1-2.3). Darüber hinaus heben individuelle Begründungen die Bedeutung von Kreativität und Bewegung für das Wohlbefinden der Kinder hervor und betonen die emanzipatorische Funktion der Kreativitätserziehung.

Ausschlaggebend für die Praxis ist die Umsetzung der pädagogischen Ideen in die Übungsstunde. Das *Konzept der kreativen Bewegungserziehung* greift dazu auf psychomotorische, ästhetische und künstlerisch-pädagogische Überlegungen zurück (vgl. NEUBER 1999a). Im Zentrum der Psychomotorik steht das Zusammenspiel von Wahrnehmung und Bewegung. Die ästhetische Erziehung betont die Verbindung von Wahrnehmung und Gestaltung. Und der künstlerisch-pädagogische Ansatz basiert auf dem Spannungsfeld von Musik und Bewegung.

Zusammengenommen ergeben sich mit den Bereichen *Wahrnehmung, Bewegung und Gestaltung* wesentliche Handlungsfelder der kreativen Bewegungserziehung. Ergänzt werden die Bereiche *Spiel* bzw. Improvisation sowie *Interaktion*, die eine grundlegende Rolle in allen drei Konzeptionen spielen. Die Bewegung übernimmt im Sinne einer Bewegungserziehung eine Mittlerrolle; sie ist Grundsubstanz und verbindendes Moment zugleich. Insgesamt kennzeichnen die fünf Bereiche als *zentrale Handlungsweisen* das Feld der kreativen Bewegungserziehung (vgl. Abb. 1).

Pädagogische Wirkungen ergeben sich allerdings nicht „automatisch", wenn Wahrnehmung, Bewegung, Interaktion, Spiel und Gestaltung in einer Übungsstunde berücksichtigt werden.

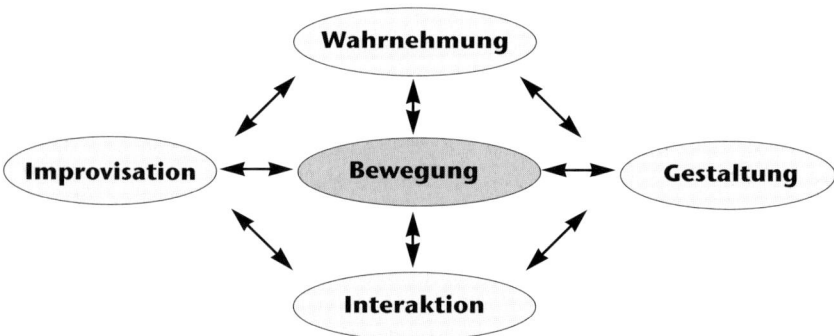

Abb. 1: Zentrale Handlungsweisen kreativer Bewegungserziehung

Als Voraussetzung für gelingende Unterrichtsprozesse können vier pädagogische Orientierungspunkte beschrieben werden: Im Sinne einer *Subjektorientierung* muss sich die Stunde ausdrücklich an den individuellen Bewegungs-, Spiel- und Ausdrucksmöglichkeiten der Kinder ausrichten. Es reicht nicht, einfach nur „Theater" zu spielen, sondern die Kinder müssen Gelegenheit erhalten, mit ihren eigenen Fähigkeiten und Fertigkeiten, Vorstellungen und Ideen, Ängsten und Hoffnungen spielen zu können.

Weiterhin ist eine sensible *Lebensweltorientierung* erforderlich, die die vielfältigen sozialen und materialen Einflüsse der kindlichen Lebensumwelt berücksichtigt. Die Übungsstunden müssen einen Bezug zum Leben der Kinder haben, müssen aktuelle Themen aus der Familie, dem Freundeskreis, der Schule, dem Fernsehen usw. aufgreifen.

Im Sinne einer *Prozessorientierung* ist die kreative Auseinandersetzung mit den eigenen Möglichkeiten und Ideen der Kinder wichtiger als das Erreichen vorzeigbarer Ergebnisse. Kinder spielen gerne vor und es kann durchaus sinnvoll sein, eine Aufführung vorzubereiten, pädagogisch „passiert" aber am meisten im Verlauf einer normalen Übungsstunde.

Schließlich ist eine ausdrückliche *Bewegungsorientierung* erforderlich, die die spezifischen Bedingungen und Möglichkeiten des Mediums „Bewegung" aufgreift und nutzt. Übungsstunden in kreativer Bewegungserziehung sollten von der Bewegung ausgehen und die Beschäftigung mit Gedanken und Gefühlen immer wieder an der Bewegung „festmachen".

Insgesamt kommt damit dem methodischen Vorgehen bzw. der Art und Weise der Aufgabenstellung eine zentrale Bedeutung zu. Nur wenn es gelingt, angemessene, fantasieanregende Aufgaben zu stellen, können selbst bestimmte, kreative Unterrichtsprozesse in Gang kommen (vgl. Kap. 4).

Auf der Grundlage der bisherigen Überlegungen kann als *pädagogische Leitidee* der kreativen Bewegungserziehung das Wiederentdecken, Bewahren und Entwickeln der individuellen Bewegungs-, Spiel- und Ausdrucksfähigkeiten sowie die Freude daran formuliert werden.

Damit wird zugleich eine umfassende, harmonische Persönlichkeitsentwicklung angestrebt, die sich in sechs *pädagogischen Dimensionen* beschreiben lässt:

1. Bewegungsförderung. Auf der Grundlage vielfältiger Bewegungsange-bote bietet die kreative Bewegungserziehung Möglichkeiten einer kind-gemäßen Körper- und Bewegungserziehung. Festgelegte Bewegungsfor-men können ebenso angesprochen werden wie das selbstständige Ent-wickeln eigener Bewegungsmöglichkeiten. In spielerischer Weise er-schließen sich auch klassische Themen der Bewegungserziehung wie Hal-tungsaufbau oder Koordinationsfähigkeit.

2. Kreativitätsförderung. Auf der Grundlage differenzierter Aufgabenstel-lungen bietet die kreative Bewegungserziehung Möglichkeiten einer be-wegungsbezogenen Kreativitätsförderung. Durch das selbstständige Spie-len und Gestalten entwickeln die Kinder vielfach unkonventionelle Bewe-gungs- und Ausdrucksweisen sowie originelle Ideen, die auch außerhalb der sozialen Wirklichkeit liegen können.

3. Identitätsförderung. Auf der Grundlage vielfältiger Erprobungsmöglich-keiten bietet die kreative Bewegungserziehung Möglichkeiten einer nach-haltigen Identitätsentwicklung. Insbesondere das häufige Arbeiten in Kleingruppen und die Präsentation eigener Ideen sind günstige Vorausset-zungen für die Entwicklung kognitiver, emotionaler und motivationaler Anteile des Selbstbildes der Kinder.

4. Förderung des Sozialverhaltens. Auf der Grundlage häufiger Partner- und Kleingruppenarbeit bietet die kreative Bewegungserziehung zahlreiche Mög-lichkeiten des sozialen Lernens. In der Auseinandersetzung mit anderen kön-nen die Kinder soziale Kompetenzen wie Kooperationsfähigkeit, Konfliktfähig-keit und Kritikfähigkeit erproben und das Einfühlen in andere Menschen üben.

5. Förderung der Wahrnehmungsfähigkeit. Auf der Grundlage vielfältiger, selbst bestimmter Bewegungsangebote bietet die kreative Bewegungser-ziehung differenzierte Möglichkeiten der Sinneserfahrung. Insbesondere ungewohnte Bewegungsweisen, die einen Unterschied zum Bewegungs-alltag darstellen, können die Wahrnehmungsfähigkeit der Kinder anregen und subjektiv bedeutsame Bereiche des Empfindens ansprechen.

6. Förderung der Ausdrucksfähigkeit. Auf der Grundlage vielfältiger Aufgabenstel-lungen auf der Bewegungs- und Darstellungsebene bietet die kreative Bewe-gungserziehung Möglichkeiten der Entwicklung individueller Ausdrucksfähig-keit. Insbesondere über symbolische Spielformen können die Kinder subjektive Erlebnisse und Erfahrungen verarbeiten und spontan zum Ausdruck bringen.

3 Didaktische Grundlagen

Die Didaktik beschäftigt sich mit der Planung, Durchführung und Auswertung von Übungsstunden. Zu den Voraussetzungen von Übungsstunden gehören z.b. die Besonderheiten der jeweiligen *Zielgruppe* (Gruppengröße, Verhältnis von Mädchen und Jungen, motorische und soziale Fähigkeiten usw.), die speziellen Kenntnisse und Fähigkeiten der *Übungsleiterin* (Ausbildung, Erfahrung, Ausgeglichenheit usw.) sowie die *Rahmenbedingungen* des Angebots (Hallenausstattung, Übungszeit, Stellenwert im Verein usw.).

Wesentliche Gestaltungsmöglichkeiten liegen in der Auswahl von *Zielen* (z.B. motorische, soziale oder emotionale Ziele), *Inhalten* (z.B. Alltagsbewegungen, sportliche Techniken oder Tanzstile) und *Methoden* einer Übungsstunde (z.B. offene und geschlossene Aufgabenstellungen oder Phasen einer Übungsstunde). Auch die kreative Bewegungserziehung wird von einer Vielzahl an Faktoren beeinflusst, die in der Praxis berücksichtigt werden müssen.

3.1 Zielgruppen

Kreative Bewegungsangebote eignen sich für alle Altersstufen und Gruppenzusammensetzungen. So sind z.B. Angebote in Eltern-Kind-Gruppen, im Kinderturnen, im Sportunterricht, in gesundheitsorientierten Kursen oder in Seniorengruppen möglich (vgl. Ü-Magazin für Übungsleiterinnen und Übungsleiter 1997). Kinder lassen sich in der Regel besonders gut für Elemente der kreativen Bewegungserziehung begeistern. Bewegung und darstellendes Spiel, Musik und Tanz sind selbstverständliche Bestandteile ihres Lebensalltags. Das spielerische Sich-Ausdrücken und Gestalten gehört zu ihren elementaren Bedürfnissen und Fähigkeiten. Allerdings werden die grundlegenden Bewegungs-, Spiel- und Ausdrucksfähigkeiten der Kinder oft schon früh verdeckt. Ungünstige lebensweltliche Einflüsse tragen eher zu Bewegungsarmut und Passivität, als zu spielerischem Handeln und Kreativität bei (vgl. Kap. 2.2). In der Praxis müssen Spielfähigkeit und Improvisationsfreude daher oftmals erst geweckt werden.

Der Einstieg in das Spielen, Tanzen und Theaterspielen gelingt dennoch zumeist recht gut. Oft reichen schon wenige Anregungen aus, um ein lang anhaltendes, intensives *Bewegungsspiel* in Gang zu bringen. Das darstellende

Spiel orientiert sich an konkreten inhaltlichen Vorstellungen und ist selten abstrakt; Kinder spielen gerne Geschichten. Im Rollenspiel können sie sich leicht in andere Personen oder auch in Gegenstände hineinversetzen. Auch das Verändern von Wirklichkeiten und das Entwickeln utopischer, real nicht möglicher Ideen ist für Kinder normalerweise kein Problem.

Das *Vorspielen von Theaterszenen* ist für viele Kinder wichtig und wird von ihnen immer wieder gefordert. Kinder sind jedoch auch kritische Zuschauer, die Unklarheiten und Fehler im Spiel der anderen genau erkennen und direkt ansprechen. Solange sie den Sinn einer Aufgabe verstehen, sind Kinder gerne bereit, sich anzustrengen und zu konzentrieren; längere Übungsphasen ohne ersichtliches Ziel sind dagegen nur schwer zu vermitteln.

Nicht allen Kindern fällt die Auseinandersetzung mit den eigenen Bewegungs-, Spiel- und Ausdrucksmöglichkeiten von Anfang an leicht. In den Übungsstunden müssen sie sich immer wieder *auf Ungewohntes einlassen.* Bekannte Unterrichtsweisen werden verändert, übliche Bewegungsformen „gelten" auf einmal nicht mehr. Das erfordert Offenheit, Mut zu selbstständigem Handeln und die Fähigkeit, sich überraschen lassen zu können.

Außerdem werden die Kinder in „kreativen" Stunden oft stark in die Verantwortung genommen und müssen sich in zahlreichen Partner- und Kleingruppenaufgaben in sozialer Hinsicht engagieren. Auch das Vorspielen von Theaterszenen ist mit einem gewissen Risiko verbunden, zumal mit dem Zeigen von Improvisationsergebnissen immer auch die eigene Person präsentiert wird.

Insgesamt sind die Übungsstunden für die Kinder immer mit einem gewissen Maß an *Unsicherheit* verbunden. Je nach Gruppe muss daher mehr oder weniger behutsam vorgegangen werden.

Präsentation der eigenen Person

Hinweise zu unterschiedlichen Zielgruppen ergeben sich zum einen aus den entwicklungspsychologischen Voraussetzungen des Grundschulalters (vgl. Kap. 2.3), zum anderen beziehen sie sich auf Erfahrungswerte aus der Praxis. Sie sollten von daher nur als *Anregungen* betrachtet und nicht ungeprüft übernommen werden.

Grundsätzlich müssen Übungsstunden mit Kindern ausreichend Gelegenheit zum *Bewegen und Spielen* bieten. Auch die Arbeit mit *Objekten und Materialien*, Kleingeräten und Bewegungslandschaften ist prinzipiell sinnvoll, weil sie einen hohen Aufforderungscharakter besitzen und die Kinder sich im darstellenden Spiel gerne daran „festhalten". Das Einbeziehen von *Bewegungstechniken* ist mit zunehmendem Alter der Kinder möglich, sollte aber nicht überbetont werden. Fertigkeiten haben prinzipiell eine dienende Funktion und liefern „Material" für das Entwickeln eigener Bewegungs-, Spiel- und Ausdrucksmöglichkeiten. Ähnlich sind *Bewegungsgeschichten* zu verstehen; sie sind sinnvoll, solange sie den Kindern individuelle Handlungsspielräume eröffnen (vgl. Kap. 4.1).

Kleine Kinder (ca. 4-8 Jahre)

Kleine Kinder haben in der Regel ein hohes Spiel- und Bewegungsbedürfnis. Ihre motorischen Voraussetzungen sind gut, allerdings können sie sich nur schwer auf komplexe Koordinationsaufgaben konzentrieren. Schwierige Bewegungstechniken sollten daher ebenso gemieden werden wie lange Bewegungsabläufe.

Die Kinder verfügen im Allgemeinen über ein positives Selbstbild („robuste Selbstüberschätzung") sowie über ausgeprägte kreative Fähigkeiten. Insbesondere der Wechsel vom Kindergarten in die Grundschule kann jedoch zu Entwicklungsverzögerungen führen. Die sozialen Fähigkeiten der Kinder sind vergleichsweise gut entwickelt. Allerdings fällt ihnen die Zusammenarbeit mit anderen noch schwer; Partner- und Kleingruppenarbeiten sollten nur behutsam eingesetzt werden.

In der Praxis wechseln sich freie Spielphasen mit vielfältigen, fantasieanregenden Aufgabenstellungen ab. Dazu gehören auch Bewegungsgeschichten mit angemessenen Handlungsspielräumen. Das eigenständige Entwickeln von Spielszenen oder Tänzen ist dagegen kaum möglich und sollte nur im Einzelfall versucht werden.

Große Kinder (ca. 8-12 Jahre)

Auch große Kinder spielen und bewegen sich gerne. Ihre motorischen Voraussetzungen sind normalerweise sehr gut, sodass komplexe Koordinationsaufgaben gestellt werden können. Bewegungstechniken und -abläufe sollten jedoch auch in dieser Altersstufe nicht im Vordergrund stehen.

Nachdem sich die Kinder in der Grundschule eingelebt haben, verfügen sie im Allgemeinen über ein positives Selbstbild sowie über ein hohes Maß an Kreativität. Der Wechsel von der Grundschule in die weiterführenden Schulen kann allerdings zu Entwicklungsverzögerungen führen. In sozialer Hinsicht sind die Kinder in der Lage, anspruchsvolle Gruppenaufgaben – auch in größeren Gruppen – zu lösen. Als Erfahrungswert kann jedoch festgehalten werden, dass die Gruppenarbeit umso schwieriger wird, je größer eine Gruppe ist. Außerdem kommt es in der Zusammenarbeit von Jungen und Mädchen häufig zu Schwierigkeiten.

In der Praxis können komplexe darstellerische und tänzerische Aufgaben gestellt werden, die auch inhaltlich ausgewertet werden können. Einfache Bewegungsgeschichten oder -landschaften stoßen dagegen häufig auf Ablehnung.

Mädchen und Jungen

Mädchen und Jungen lassen sich gleichermaßen für Angebote der kreativen Bewegungserziehung begeistern. In motorischer Hinsicht gibt es bis zum Beginn der Pubertät so gut wie keine Unterschiede. Auch im Bereich der Kreativität unterscheiden sich Mädchen und Jungen nicht. Unterschiede bestehen jedoch in der Selbsteinschätzung der Kinder.

Jungen verfügen zumindest teilweise über ein besseres Selbstbild als Mädchen, weshalb sie mit der Präsentation von Theaterszenen oft weniger Probleme haben. Mädchen sind dagegen offener für neue Bewegungs- und Darstellungsformen und beharren nicht so sehr auf üblichen Sportvorstellungen. Außerdem fällt ihnen die Zusammenarbeit mit anderen oft leichter als den Jungen. Im Hinblick auf das darstellende Spiel wählen Jungen gerne kampfbetonte Typen, während Mädchen „sanftere" Rollen bevorzugen; beides ist ein Thema für die Arbeit in gleichgeschlechtlichen Gruppen.

Insgesamt bietet die kreative Bewegungserziehung allerdings günstige Voraussetzung für ein koedukatives Arbeiten, weil es wenig geschlechtertypische Rollenvorstellungen gibt, sondern die Bewegungsrollen immer wieder neu gefunden werden (vgl. Kap. 7).

*Mädchen und
Jungen als
Zielgruppe*

Vereins- und Schulkinder

Unterschiede zwischen Vereins- und Schulkindern können nicht verallgemeinert werden, zumal Kinder, die Mitglied in einem Turn- oder Sportverein sind, immer auch zur Schule gehen. Trotzdem unterscheiden sich die Gruppenzusammensetzungen in der Praxis häufig, was Auswirkungen auf die kreative Bewegungserziehung haben kann.

Übungsgruppen in Sportvereinen sind eher homogen als Schulklassen, weil hier die Kinder weitgehend freiwillig kommen. Je nach Angebot zeigen sie ein hohes Sportengagement, was im Einzelfall dazu führen kann, dass Vereinskinder eher „richtigen" Sport wollen, als vielfältige, kreative Angebote. Schulklassen sind dagegen oft bunt „zusammengewürfelt"; sportbegeisterte und weniger begeisterte Kinder werden gemeinsam unterrichtet.

Der Sportunterricht in der Schule ist schon von den Richtlinien her vielfältig angelegt, was in der Regel dazu führt, dass die Kinder an wechselnde Angebote gewöhnt sind. Im Verein wie in der Schule gelingt es oft, die unterschiedlichen Fähigkeiten und Interessen der Kinder über eine gemeinsame Spielidee zu bündeln.

Spezielle Zielgruppen

Die kreative Bewegungserziehung eignet sich für eine ganze Reihe von speziellen Zielgruppen, wie z.B. Kinder mit mangelnden Bewegungserfahrungen bzw. „sportschwache" Schüler, verhaltensauffällige oder behinderte Kinder. Auch in verschiedenen Präventions- und Rehabilitationsbereichen sind Angebote möglich (z.B. psychomotorische Gruppen, Haltungsschulung oder Kurse für übergewichtige Kinder).

Außerdem bietet sich die kreative Bewegungserziehung für integrative Angebote an (z.B. Bewegungsangebote für behinderte und nicht behinderte Kinder oder Projektwochen mit interkulturellem Schwerpunkt). Positive Erfahrungen gibt es vor allem im Bereich der Psychomotorik, in der spielerischen Haltungsschulung sowie in der Sucht- und Gewaltprävention mit Jugendlichen (vgl. NEUBER 1999b).

Die besonderen Möglichkeiten der kreativen Bewegungserziehung liegen vor allem in der differenzierten Aufgabenstellung, die Kindern mit unterschiedlichen Fähigkeiten und Interessen jeweils angemessene Handlungsspielräume eröffnet. Außerdem ist die Bewegung ein Kommunikations- und Ausdrucksmittel, das allen Kindern zur Verfügung steht.

Hinweise für die Arbeit mit Kindern als Zielgruppe:
- Ausreichend Gelegenheit zum Bewegen und Spielen bieten.
- Häufig Geräte und Materialien einbeziehen.
- Bewegungstechniken und -abläufe nicht überbetonen.
- Aufgaben klar begrenzen, damit das Spiel nicht „ausufert".
- Die Kinder regelmäßig in die Stundenplanung mit einbeziehen.
- Spielregeln für faire Rückmeldungen vereinbaren und einhalten.

3.2 Übungsleiterinnen und Übungsleiter

Die Aufgaben von Übungsleiterinnen und Übungsleitern in der kreativen Bewegungserziehung sind vielfältig. Sie sollen Bewegungstechniken vermitteln, Fantasie anregen, Bewegungserlebnisse ermöglichen, soziale Prozesse in Gang bringen, Spielszenen kommentieren, weiterführende Ideen produzieren u.v.m. Auf der einen Seite müssen sie aktiv hinter ihrer Stunde stehen und selbst Spaß an der Bewegung und am Erfinden von Bewegungen entwickeln. Auf der anderen Seite müssen sie sich aber auch zurücknehmen können und sensibel sein für die Ideen der Kinder.

Oft ist es schwer, ein *Gleichgewicht zwischen Anregen und Eingreifen sowie Abwarten und Beobachten* zu finden. Im Gegensatz zur üblichen Bewegungsstunde lässt sich der Verlauf einer „kreativen" Übungseinheit nicht bis ins letzte Detail planen. Zudem müssen bekannte Unterrichtsweisen häufig geändert und sichere „Bewegungspfade" verlassen werden. Auch das Abgeben von Verantwortung an die Kinder erfordert oftmals Überwindung.

Insgesamt stellt die kreative Bewegungserziehung damit hohe Anforderungen an die Übungsleiterinnen und Übungsleiter. Ebenso wie die Kinder müssen sie sich immer wieder *auf Ungewohntes einlassen* und *Unsicherheiten in Kauf nehmen*.

Im unsicheren Stundenverlauf liegen aber auch der Reiz und die pädagogischen Möglichkeiten dieser Unterrichtsform begründet. Keine Situation, kein Spiel, keine Szene wiederholt sich genauso wie beim ersten Mal. Selbst gleiche Aufgabenstellungen führen immer wieder zu neuen Ergebnissen, weil jedes Kind eigene Ideen entwickelt.

Manches Mal kann man nur staunend den Kopf schütteln, wenn man sieht, auf was für ausgefallene Bewegungs- und Ausdrucksmöglichkeiten die Kinder kommen. Und ebenso oft spürt man die Freude und den Stolz der

Kinder, wenn sie eine eigene Idee umgesetzt haben. Das macht das Unterrichten im Bereich der kreativen Bewegungserziehung zu einer spannenden und oftmals sehr befriedigenden Angelegenheit. Gleichwohl ist der Umgang mit der Offenheit und Unsicherheit des kreativen Prozesses nicht immer einfach.

Die Aufgaben von Übungsleitern sind vielfältig.

Manche Übungsleiterinnen und Übungsleiter trauen sich ein solches Arbeiten nicht zu und verlassen sich lieber auf bekannte Unterrichts- und Bewegungsweisen.

Andere setzen sich mit dem Zwang zur Kreativität selbst unter Druck und geben nach einer engagierten Anfangsphase oftmals frustriert auf, weil

es nicht so klappt, wie sie es sich vorgestellt haben. Eine weitere Gruppe hält Kreativität für wichtig und stellt ihre Arbeit nach außen hin auch oft so dar. In ihren Stunden kommen viele bildhafte Vorstellungen vor, Übungen werden in fantasievolle Geschichten eingebunden, alles geschieht „spielerisch".

Bei genauerer Betrachtung stellt man jedoch fest, dass die Übungsstunde durch *strikte Vorgaben* und geringe *Handlungsspielräume* der Kinder gekennzeichnet ist. So geben z.B. viele Bewegungsgeschichten genau vor, was die Kinder zu tun haben. Sie werden zwar fantasievoll ausgeschmückt und kommen bei den Kindern auch gut an; kreativ im Sinne von selbstständig gestaltend sind sie aber nicht. So ist das, was die Übungsleiterin für kreativ hält, letztlich nur eine gut verpackte Bewegungsanweisung (vgl. Kap. 4.1).

Wie können nun Übungsleiterinnen und Übungsleiter mit diesen Schwierigkeiten umgehen? – Hilfreich sind zunächst einmal methodische und didaktische Fähigkeiten und Kenntnisse. Das Formulieren von kreativitätsanregenden Aufgaben ist keine Zauberkunst, sondern ein solides „Handwerk", das man lernen und üben kann. Zweifellos ist dafür auch ein gewisses Maß an eigener *Kreativität* und *Begeisterung* günstig.

Es kann sehr anregend für die Kinder sein, wenn die Übungsleiterin ein originelles Beispiel gibt oder eine verrückte Bewegung vormacht. Übungsleiterinnen müssen aber keine fertigen Spielszenen oder Tänze im Kopf haben, sondern sie müssen vor allem gute Aufgaben stellen, denn es sind ja die Kinder, die kreativ werden sollen. Dafür ist wiederum ein gewisses Maß an innerer Ruhe und Geduld hilfreich.

Die Übungsleiterin muss ihre eigenen Vorstellungen und Ideen zurücknehmen können, damit die Kinder selbstständig handeln können. Das *Geschehenlassen-Können* ist eine wichtige Fähigkeit für die kreative Bewegungserziehung. Wer die Dinge auf sich zukommen lässt, kann neue Ideen aus der Vorstellungswelt der Kinder erkennen und aufgreifen.

In diesem Sinne gibt es grundsätzlich auch keine „guten" oder „schlechten" Bewegungen in der kreativen Bewegungserziehung. Alle Vorschläge und Ideen der Kinder werden als Ausdruck ihrer persönlichen Beteiligung an der Stunde akzeptiert. Solange sie sich im Rahmen der gestellten Aufgabe bewegen, sind alle Ideen „richtig". Übungsleiterinnen sollten daher Aufgabenlösungen und Spielszenen immer positiv kommentieren und eventuelle Kritik sachlich äußern. Ebenso sollten sie sich bemühen, Bewegungen und Spielhandlungen mit den Augen der Kinder zu sehen.

Das *Einfühlungsvermögen* ist allgemein eine wichtige pädagogische Fähigkeit. Im Bewegungstheater ist es besonders bedeutsam, weil die Übungsleiterin das darstellende Spiel oftmals nur aus der Perspektive der Kinder verstehen kann. Schließlich ist es oft sinnvoll, mit den eigenen Gedanken und Gefühlen nicht „hinterm Berg" zu halten. Es trägt viel zur Lebendigkeit und Ehrlichkeit einer Stunde bei, wenn die Übungsleiterin ihre eigene Person mit ins Spiel bringt. Insgesamt kann so eine *vertrauensvolle Atmosphäre* entstehen, die für das Gelingen kreativer Prozesse Voraussetzung ist.

Allerdings lassen sich alle diese Anregungen nicht „übers Knie brechen". Kein Mensch kann auf Kommando kreativ oder geduldig sein. Wenn die Kinder in der Übungsstunde stören, fällt es schwer, sie zu akzeptieren. Das Einfühlen in kindliche Vorstellungswelten gelingt kaum, wenn man beruflich oder privat unter Druck steht.

Sinnvoll und möglich ist das allmähliche *Entwickeln einer Grundhaltung*, die sich durch Einfühlungsvermögen und Akzeptanz, Engagement und Geduld, Offenheit und Experimentierfreude auszeichnet. Mit der Zeit kann man so einen eigenen Stil entwickeln, der die individuellen Stärken und Schwächen, Vorlieben und Abneigungen, Hoffnungen und Ängste berücksichtigt.

In diesem Sinne bietet die kreative Bewegungserziehung nicht nur für die Kinder, sondern auch für die Übungsleiterinnen selbst Möglichkeiten der persönlichen Entwicklung. Sie haben z.B. die Chance, eigene, kreative Denk- und Handlungsweisen zu entwickeln, einen ehrlichen und engen Kontakt zu den Kindern aufzubauen, Sensibilität für die eigenen Gefühle und die der Kinder zu entwickeln, im Umgang mit unsicheren Situationen gelassener zu werden sowie in der Vielfalt und Unbeständigkeit kindlicher Lebenswelten eine verlässliche Person zu sein.

Hinweise zur Rolle der Übungsleiterin im kreativen Prozess:
- Eine vertrauensvolle Atmosphäre schaffen.
- Ein Gleichgewicht zwischen Eingreifen und Laufenlassen suchen.
- Sich selbst zurücknehmen und das Spiel der Kinder beobachten.
- Sich eigene Unsicherheiten eingestehen und annehmen.
- Sich nicht zu viel zumuten, Geduld mit sich selbst haben.
- Den Austausch mit Kolleginnen suchen und sich ab und zu eine Fortbildung gönnen.

3.3 Rahmenbedingungen

Die kreative Bewegungserziehung findet unter den Bedingungen von Übungsstunden in Sportvereinen oder Schulen statt. Wie andere Angebote auch bietet sie Kindern Gelegenheit zum Spielen und Bewegen, Auseinandersetzen und Lernen. Zugleich hat sie mit denselben Schwierigkeiten zu kämpfen wie andere Angebote.

Dazu gehören z.B. fehlende Übungszeiten, überfüllte Gruppen, schlechte Materialausstattung oder mangelnde Anerkennung im Vergleich zum Leistungssport. Allerdings ist das Konzept der kreativen Bewegungserziehung *vielseitig einsetzbar* und kommt auch mit *wenig Geräte- und Materialaufwand* aus. Das methodische „Handwerkszeug" ermöglicht ein Arbeiten sowohl mit kleinen als auch mit sehr großen Übungsgruppen. Eine günstige *Gruppengröße* liegt erfahrungsgemäß zwischen zehn und zwanzig Kindern. Optimale Bedingungen sind sicherlich nur schwer zu erreichen, als Anhaltspunkt können trotzdem günstige räumliche, zeitliche, technische und organisatorische Voraussetzungen für die kreative Bewegungserziehung beschrieben werden.

Zu den *räumlichen Voraussetzungen* zählt eine abgeschlossene Sport- oder Gymnastikhalle, die nicht ständig von außen eingesehen wird, sodass sich die Kinder ungehemmt entfalten können. Auch Eltern müssen nicht ständig auf der Bank sitzen, sondern können zu ausgewählten Übungsstunden eingeladen werden.

Akustische Einflüsse (Straßenlärm, Mehrfachsporthalle mit voller Belegung usw.) und Beleuchtungsverhältnisse (grelles Neonlicht, Tageslicht usw.) können einen großen Einfluss auf den kreativen Prozess haben. Ein ruhiges Umfeld mit Tageslicht ist sicherlich günstig.

Weiterhin ist die Qualität des Hallenbodens von Bedeutung. Da sich die Kinder am besten barfuß oder in Turnschlappen bewegen, ist ein „warmer" Boden günstig (Holzparkett o.ä.).

Schließlich ist auch die Materialausstattung wichtig für die Stundengestaltung. Eine Sporthalle, die in ausreichendem Maße mit Klein- und Großgeräten, Alltagsmaterialien und psychomotorischen Geräten ausgestattet ist, bietet mehr Möglichkeiten, als ein spärlich ausgestatteter Gymnastikraum mit alten und womöglich defekten Geräten.

Die *zeitlichen Voraussetzungen* unterscheiden sich zunächst nicht von den üblichen Bedingungen einer Sportstunde. Zusätzliche Übungszeiten können jedoch erforderlich sein, wenn im Rahmen eines Projekts für eine Aufführung geprobt werden soll. Hier sind die Übungsleiterinnen häufig auf das Entgegenkommen von Kolleginnen angewiesen.

Zu den günstigen *technischen Voraussetzungen* gehören eine funktionsfähige Musikanlage und Instrumente zur Bewegungsbegleitung (Handtrommeln, Pauken usw.), die allerdings auch leicht durch körpereigene Geräusche ersetzt werden können (Klatschen, Stampfen usw.).

Zu den *organisatorischen Voraussetzungen* gehören neben der Vorbereitung der einzelnen Übungsstunden die Koordinierung von Räumen, Terminen und Personen, die Beschaffung von Requisiten und Materialien sowie – falls gewünscht – das Arrangieren von Auftrittsmöglichkeiten. Im Vordergrund sollte dabei allerdings das Spiel der Kinder stehen und nicht die aufwendige Ausstattung mit Kostümen und Bühnenbildern (vgl. Kap. 6.3).

Hinweise zum Umgang mit ungünstigen Rahmenbedingungen:
- Alltagsmaterialien und einfache Geräte fantasievoll nutzen.
- Nicht die große Aufführung, sondern die alltägliche Übungsstunde betonen.
- Gruppenhelfer oder Eltern einsetzen, wenn die Gruppe zu groß ist.
- Klare Vereinbarungen mit zuschauenden Eltern treffen.
- Die eigene Arbeit in kleinen Vorführungen nach außen hin präsentieren.
- Fehlende Voraussetzungen als Chance für die eigene Kreativität begreifen.

3.4 Stundenziele

Ausgehend von pädagogischen Überlegungen ergeben sich allgemeine und spezielle Ziele kreativer Bewegungserziehung (vgl. Kap. 2.4). Die allgemeinen Ziele beziehen sich im Sinne einer Erziehung *durch* Kreativität und Bewegung auf eine umfassende Persönlichkeitsentwicklung der Kinder. Die speziellen Ziele können als Erziehung *zur* Kreativität bzw. Bewegung verstanden werden und sind auf die Handlungsfähigkeit im „kreativen Feld" gerichtet.

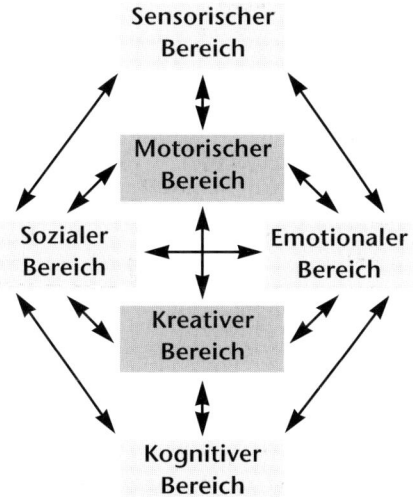

Abb. 2: Allgemeine Ziele kreativer Bewegungserziehung

Aus pädagogischer Sicht stehen die *allgemeinen Stundenziele* im Vordergrund. Dabei werden sechs Bereiche unterschieden: Im Zentrum der kreativen Bewegungserziehung stehen der motorische und der kreative Bereich. Daneben wird ein sensorischer, ein sozialer, ein emotionaler und ein kognitiver Bereich beschrieben (vgl. Abb. 2).

Die einzelnen Zielbereiche sind nicht immer genau voneinander abzugrenzen. In der Praxis werden im Sinne einer ganzheitlichen Entwicklungsförderung immer alle Teilbereiche angesprochen, wobei jedoch unterschiedliche
Schwerpunkte gesetzt werden können.

Grundsätzlich beziehen sich die Stundenziele auf das Befriedigen elementarer Grundbedürfnisse (z.B. das Bedürfnis nach Bewegung), das Anregen vielfältiger Erfahrungen (z.B. Sinneserfahrungen) und das Entwickeln
allgemeiner Fähigkeiten der Kinder (z.B. Kreativität).

Zum *motorischen Bereich* zählen Ziele wie das Ausleben kindlicher Bewe-
gungsbedürfnisse, das Sammeln vielfältiger Bewegungserfahrungen sowie
die Verbesserung motorischer Fähigkeiten und Fertigkeiten. Eine besondere
Bedeutung kommt der Förderung koordinativer Fähigkeiten, wie z.B. Diffe-
renzierungsfähigkeit, Rhythmisierungsfähigkeit oder Gleichgewichtsfähig-
keit zu.

Zum *kreativen Bereich* gehört das Ansprechen elementarer Spiel- und Ge-
staltungsbedürfnisse, das Erfahren von unterschiedlichen Möglichkeiten der
kreativen Auseinandersetzung sowie die Entwicklung kreativer Fähigkeiten,
wie z.B. Produktivität, Problemlösungsfähigkeit oder Originalität. Im Sinne
einer motorischen Kreativität sollten hauptsächlich bewegungsbezogene
Aufgaben gestellt werden.

Der *sensorische Bereich* umfasst eine allgemeine Sensibilisierung der Sinne,
das Anregen vielfältiger Körper- und Sinneserfahrungen sowie die Entwicklung einer differenzierten Wahrnehmungsfähigkeit. Im Rahmen der Bewegungserziehung sind besonders der Tastsinn, der Bewegungssinn, der
Gleichgewichtssinn, der Hörsinn und der Sehsinn wichtig. Darüber hinaus
kann sich die Wahrnehmung auch auf soziale und emotionale Aspekte einer
Stunde beziehen.

Zum *sozialen Bereich* gehört das Ansprechen elementarer sozialer Bedürfnisse, das Ermöglichen vielfältiger sozialer Erfahrungen sowie die Entwicklung sozialer Fähigkeiten, wie z.B. Kooperationsfähigkeit, Kommunikations-
fähigkeit, Konfliktfähigkeit, Kritikfähigkeit, Durchsetzungsfähigkeit oder die
Übernahme sozialer Verantwortung. Darüber hinaus kann das Einfühlungsvermögen gefördert werden, was durch ein häufiges Hineinversetzen in unterschiedliche Spielrollen begünstigt wird.

Der *emotionale Bereich* betrifft das Ausleben elementarer Bewegungs-,
Spiel- und Ausdrucksbedürfnisse, das Ermöglichen vielfältiger Erfahrungen

im Gefühlsbereich sowie die Entwicklung emotionaler Fähigkeiten, wie z.B. Erlebnisfähigkeit, Genussfähigkeit oder Ausdrucksfähigkeit. Grundsätzlich sollen den Kindern positive Erlebnisse ermöglicht werden, im Einzelfall können jedoch auch belastende Erfahrungen nicht ausgeschlossen werden, z.B. das anstrengende Üben einer Bewegungstechnik oder die unsachliche Kritik aus der Gruppe. Entscheidend ist der Umgang mit „positiven" wie „negativen" Erlebnissen.

Der *kognitive Bereich* schließlich umfasst das Anregen vielfältiger geistiger Erfahrungen sowie die Förderung allgemeiner kognitiver Fähigkeiten, wie z.B. Konzentrationsfähigkeit, Abstraktionsfähigkeit oder Reflexionsfähigkeit. Auch kognitive Zielsetzungen sollten vorrangig an Bewegungsaufgaben geknüpft sein.

Die speziellen Stundenziele stehen in einem engen Zusammenhang mit den allgemeinen Zielen, beziehen sich jedoch auf spezifische Fähigkeiten und Fertigkeiten, die für das Handeln im Bereich der kreativen Bewegungserziehung hilfreich sind. Die Fähigkeiten entwickeln sich normalerweise über das Spiel der Kinder, können aber auch direkt geschult werden, wenn sie für den weiteren Stundenverlauf erforderlich sind. Insgesamt werden sechs *spezielle Stundenziele* unterschieden:

- Darstellerische und tänzerische Fähigkeiten und Fertigkeiten.
- Rhythmisch-musikalische Fähigkeiten („Bewegungsmusikalität").
- Experimentierfreude und Improvisationsfähigkeit.
- Bewegungsvorstellung, Bewegungsgedächtnis und Bewegungsfantasie.
- Gestaltungsfähigkeit (einschließlich entsprechender Kenntnisse).
- Präsentationsvermögen und Intensität der Darstellung.

3.5 Stundeninhalte

Die Inhalte der kreativen Bewegungserziehung ergeben sich aus den zentralen Handlungsweisen *Wahrnehmen, Bewegen, Interagieren, Spielen* und *Gestalten* (vgl. Kap. 2.4).

Im Mittelpunkt einer Übungsstunde steht die Bewegung. Sie wird „erfahren, geübt, erlebt und bewußtgemacht, sie wird entdeckt, erprobt, ver-

Alltägliche Bewegungs-, Spiel- und Ausdrucksformen	Sportliche Bewegungs-, Spiel- und Ausdrucksformen	Darstellerische Bewegungs-, Spiel- und Ausdrucksformen	Tänzerische Bewegungs-, Spiel- und Ausdrucksformen	Musikalische Bewegungs-, Spiel- und Ausdrucksformen
• Gestik, Mimik • Gebärden, Körperhaltung • Alltagsbewegungen und -handlungen • Bewegungsgrundformen und -tätigkeiten • Spiel mit Alltagsmaterialien und Objekten	• Bewegungsfertigkeiten, z.B. aus Leichtathletik, Turnen oder Gymnastik • Funktionelle Bewegungsanalysen • Spielideen aus der Welt des Sports	• Zirzensische Bewegungskünste, wie z.B. Akrobatik, Jonglage, Clownerie • Pantomime • Licht- und Schattentheater • Atem, Stimme, Texte • Maske und Kostüm	• Tanzstile, wie z.B. Jazz, Modern, Hip-Hop • Kindertänze • Freie Tanzformen • Formale Variationen und inhaltliche Assoziationen	• Sprech-, Sing- und Klatschspiele • Bewegungslieder • Geräusch- und Klangspiele • Musikalische Improvisationen mit einfachen Instrumenten

Tab. 1: Inhaltliche Bezugsfelder kreativer Bewegungserziehung

ändert und ist selbst wiederum Ausgangspunkt und Ziel der Arbeit" (TIEDT 1995a, 24). Auf der Grundlage eines offenen Bewegungsverständnisses ist das Finden *eigener* Bewegungs-, Spiel- und Ausdrucksmöglichkeiten die entscheidende Perspektive.

Dabei kann auf unterschiedliche Bewegungsbereiche Bezug genommen werden. Traditionelle Bewegungsfelder, wie z.B. Turnen, Tanzen oder Theaterspielen, können ebenso aufgegriffen werden wie aktuelle Bewegungstrends, wie z.B. Hip-Hop, Rope Skipping oder Inlineskating (vgl. Ü-Magazin für Übungsleiterinnen und Übungsleiter 1997).

Entscheidend ist der kreative Umgang mit den jeweiligen Bewegungsformen. Der inhaltliche Kanon der kreativen Bewegungserziehung ist daher grundsätzlich nicht abschließbar, sondern ergibt sich aus den Bewegungs- und Darstellungsinteressen der beteiligten Kinder und Übungsleiterinnen immer wieder neu.

Im Sinne einer Übersicht werden fünf inhaltliche Bezugsfelder unterschieden (vgl. Tab. 1). Zunächst gehören dazu alltägliche *Bewegungs-, Spiel-* und *Ausdrucksformen,* wie Gestik und Mimik, Gebärden und Körperhaltungen, Alltagsbewegungen und -handlungen sowie Bewegungsgrundformen und -tätigkeiten. Gerade der Bewegungsalltag hält vielfältige Möglichkeiten für die kreative Auseinandersetzung bereit. Typische Verhaltensweisen, Erfolge und Misserfolge, Tätigkeiten und Befindlichkeiten bieten Anlass zur Umsetzung in Bewegung.

Nicht nur menschliche Bewegungsformen können aufgegriffen werden, sondern auch Maschinenbewegungen oder Bewegungen aus der Natur, wie z.B. Presslufthammer bei der Arbeit oder Bäume im Wind. Darüber hinaus bietet sich besonders in der Arbeit mit Kindern der Umgang mit Materialien und Objekten an. Auch hier steckt die Spielanregung oftmals im Alltäglichen, z.B. in Bierdeckeln oder Plastiktüten, Regenschirmen oder Hüten.

Zu den *sportlichen Bewegungs-, Spiel-* und *Ausdrucksformen,* die im Rahmen der kreativen Bewegungserziehung aufgegriffen werden können, gehören z.B. Lauf-, Sprung- oder Drehtechniken aus der Leichtathletik oder Elemente des Bodenturnens, wie z.B. Rollen, Überschläge oder Handstände. Die Gymnastik verfügt über eine Vielzahl an Fertigkeiten, wie z.B. Körperzusammenschlüsse oder Bewegungstechniken, die für das darstellende Spiel genutzt werden können. Außerdem bietet die Analyse komplexer Bewegungsabläufe interessante Spielmöglichkeiten; so kann z.B. die Auseinandersetzung mit

Stundeninhalte ergeben sich aus den Interessen der Beteiligten.

den Bewegungsmöglichkeiten der Wirbelsäule Assoziationen von Gräsern im Wind hervorrufen.

Hilfreiche *darstellerische Bewegungs-, Spiel-* und *Ausdrucksformen* finden sich z.B. in zirzensischen Bewegungskünsten wie Akrobatik, Jonglage oder Clownerie sowie in der Pantomime, die neben speziellen Darstellungstechniken auch über grundlegende stilistische Mittel verfügt. Daneben kann der Einsatz von Elementen des Licht- und Schattentheaters, das Spiel mit Maske und Kostüm sowie der Umgang mit Atem, Sprache oder Text interessant sein.

Ein breites Spektrum bieten auch *tänzerische Bewegungs-, Spiel-* und *Ausdrucksformen*, wobei neben bestimmten Stilrichtungen, wie z.B. Jazz, Modern oder Hip-Hop, vor allem das freie Tanzen ausschlaggebend ist. Formale Bewegungsvariationen sind ebenso möglich wie inhaltliche Vorstellungen und Bilder. Gerade in der Arbeit mit Kindern sind die Grenzen von Darstellung, Spiel und Tanz fließend.

Eng mit dem Tanzen verbunden sind schließlich *musikalische Bewegungs-, Spiel-* und *Ausdrucksformen*, wie z.B. Sprech-, Sing- und Klatschspiele, Bewegungslieder, Geräusch- und Klangspiele sowie musikalische Improvisationen mit einfachen Instrumenten.

Insgesamt geht das inhaltliche Spektrum der kreativen Bewegungserziehung weit über den üblichen Kanon von Sportstunden hinaus. Die Vielzahl an konkreten Bewegungsformen darf allerdings nicht dazu führen, die Übungsstunden einseitig auf Technikvermittlung auszurichten. Fertigkeiten haben prinzipiell eine dienenden Funktion im Hinblick auf die Entwicklung eigener Bewegungs-, Spiel- und Ausdrucksmöglichkeiten.

Hinweise zur Auswahl von Inhalten der kreativen Bewegungserziehung:
• Einfache Bewegungs-, Spiel- und Ausdrucksformen bevorzugen.
• Geräte- und Materialaufwand begrenzen.
• Eigene Fähigkeiten und Erfahrungen berücksichtigen.
• Wünsche der Kinder mit einbeziehen.
• Spielideen aus der Beobachtung des Bewegungsalltags entwickeln.
• Bewegungstechniken als Anregung für das *eigene* Spiel nutzen.

4 Methodische Grundlagen

Unter einer „Methode" versteht man den Weg zu einem Ziel bzw. die Art und Weise, in der ein Inhalt vermittelt wird. Typische methodische Fragen sind z.B.: Wie stelle ich eine Aufgabe? Wie leite ich eine Improvisation an? Oder: Wie plane ich eine Übungsstunde?

Das methodische Vorgehen entscheidet maßgeblich mit darüber, ob die Stundenziele erreicht werden und ob ein Inhalt bei den Kindern „ankommt". In der kreativen Bewegungserziehung hat das methodische Vorgehen darüber hinaus eine besondere Bedeutung. Bewegungsformen, Spielhandlungen oder Tänze stehen im Allgemeinen nicht von vornherein fest, sondern entwickeln sich erst im Verlauf einer Übungsstunde.

Das Ausprobieren und Entwickeln eigener Bewegungs-, Spiel- und Ausdrucksmöglichkeiten ist eingebunden „in einen wechselseitigen Prozeß des Aneignens und Ab- oder Umwandelns, des Aufnehmens und (...) Neustrukturierens" (TIEDT 1995b, 247). Für das flexible Anregen und Steuern dieser kreativen Prozesse ist ein differenziertes methodisches „Handwerkszeug" erforderlich.

4.1 Aufgabenstellung

Gute Aufgabenstellungen sind das A und O jeder Übungsstunde. Eine Aufgabe sollte z.B. verständlich sein, sie sollte eine klare Zielrichtung vorgeben, sie sollte Anregungen zur Lösung beinhalten, sie sollte der jeweiligen Situation angemessen sein und nicht zuletzt sollte sie die Kinder anregen, sich intensiv mit dem zugrunde liegenden Bewegungsthema zu beschäftigen.

So umfangreich die Anforderungen an eine gute Aufgabe sind, so wenig kann es dafür Patentrezepte geben. Allerdings kann man sich die verschiedenen Möglichkeiten einer Aufgabenstellung bewusst machen. Zwischen den Extremen „Vormachen – Nachmachen" und „Probiert doch einfach mal aus" gibt es eine große Bandbreite an Variationsmöglichkeiten.

So kann der Grad der Offenheit einer Aufgabe ganz unterschiedlich sein. Ebenso kann eine Aufgabe mehr die Bewegung oder mehr das darstellende Spielen und Tanzen betonen. Die Entscheidung für eine bestimmte Aufgabenstellung wird auf der Ebene der so genannten *methodischen Maßnahmen* getroffen.

Die methodischen Maßnahmen sind die „kleinsten Einheiten" der Unter-
richtssteuerung. Mit ihnen bringt die Übungsleiterin die Bewegungsstunde
in Gang.

Zu den bekanntesten Maßnahmen gehören z.B. die Bewegungsbeschreibung, die Bewegungsdemonstration, die Bewegungsanweisung, die Bewe-
gungskorrektur und die Bewegungshilfe. Im Bereich der kreativen Bewegungserziehung werden sieben zentrale methodische Maßnahmen unterschieden (vgl. Abb. 3).

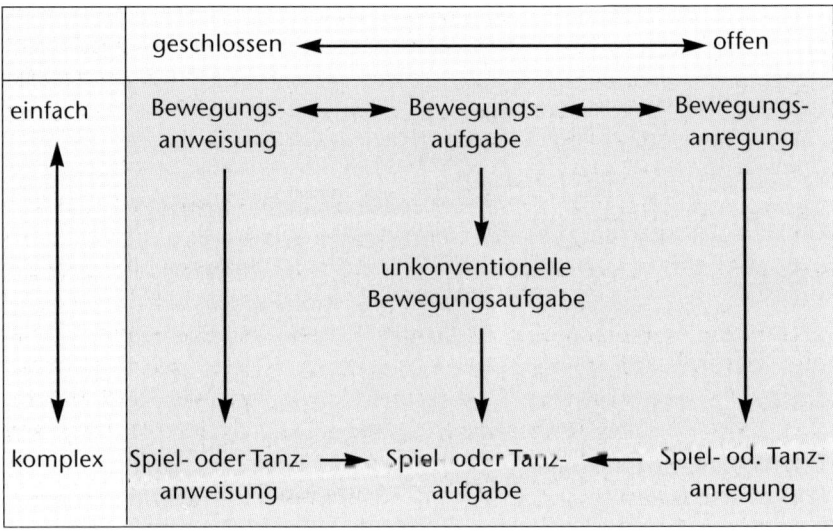

*Abb. 3: Methodische Maßnahmen kreativer Bewegungserziehung zwischen Of-
fenheit und Komplexität*

Am häufigsten verwendet wird die *Bewegungsaufgabe.* Als Aufforderung an
die Kinder, ein bestimmtes Bewegungsproblem selbstständig zu lösen, gibt
sie einen konkreten Handlungsspielraum vor, der grundsätzlich mehrere
Aufgabenlösungen zulässt. Die Vielfalt an Bewegungsmöglichkeiten ist ausdrücklich erwünscht. Jede Lösung gilt als „richtig", sofern die in der Aufgabe
formulierten Mindestanforderungen erfüllt werden. Im Vordergrund einer
Bewegungsaufgabe steht die motorische Auseinandersetzung; eine darstellerische Lösung wird mit ihr nicht angestrebt (vgl. Beispiele im Kasten, S. 57).

Eine Sonderform der Bewegungsaufgabe ist die *unkonventionelle Bewegungs-aufgabe*. Sie soll zur Beschäftigung mit „Noch-nie-Gesehenem" oder „Sonst-gar-nicht-Vorkommendem" anregen (Tiedt 1991, 68). Während sich die „normale" Bewegungsaufgabe am bekannten Bewegungsrepertoire orientiert, zielt die unkonventionelle Bewegungsaufgabe auf das Erfinden neuer, ungewohnter Bewegungsmöglichkeiten. Kann eine Bewegungsaufgabe z.B. durch Gehen, Rollen oder Springen gelöst werden, so führt eine unkonventionelle Bewegungsaufgabe zu ungewohntem, „komischem" Gehen, Rollen oder Springen.

Die unkonventionelle Bewegungsaufgabe soll die darstellerische Fantasie anregen und wird in der Praxis auch häufig als „Brücke" von der Bewegung zur Darstellung genutzt. Gerade in der Arbeit mit Kindern führt sie fast zwangsläufig zum darstellenden Spiel. Gleichwohl liegt der Schwerpunkt der unkonventionellen Bewegungsaufgabe auf der motorischen Ebene.

Der bewusste Schritt von der Bewegung zum darstellenden Spiel bzw. Tanz wird erst mit der *Spiel-* oder *Tanzaufgabe* getan. Sie ist weiter gefasst als die Bewegungsaufgabe und schließt ein Rollen-, Situations- oder Handlungsdenken mit ein. „Spielen" heißt also in diesem Fall darstellendes Spielen, „Tanzen" meint Tanzen mit bestimmten bildhaften Vorstellungen. Die Bewegungsebene wird damit um eine inhaltliche Ebene erweitert. Im Allgemeinen greift man dabei auf die so genannten Spielfunktionen zurück (vgl. Kap. 4.2). Insgesamt zielt die Spiel- oder Tanzaufgabe auf das Entwickeln einer vorzeigbaren Spielszene bzw. eines Tanzes.

Das „klassische" Gegenstück zur Bewegungsaufgabe ist die *Bewegungs-anweisung*. Die Übungsleiterin gibt dabei genau vor, wie eine Bewegung ausgeführt werden soll und in welchen Schritten sie gelernt bzw. geübt wird. Es gibt nur eine „richtige" Bewegungslösung. Die Kinder versuchen, diese klar definierte Bewegungshandlung möglichst fehlerfrei nachzuvollziehen. Die Bewegungsanweisung ist eng mit den methodischen Maßnahmen der Bewegungsbeschreibung, -demonstration und -korrektur verbunden.

Eine *Spiel-* oder *Tanzanweisung* ist dementsprechend die klare Vorgabe einer darstellerischen oder tänzerischen Handlung, die allerdings fast nur im Rahmen von Probenarbeit sinnvoll eingesetzt wird.

Auf der anderen Seite des Spektrums liegt die *Bewegungsanregung.* Darunter wird ein Impuls mit weitestgehendem Handlungsspielraum verstanden. Die Übungsleiterin macht lediglich Vorschläge, arrangiert Bewegungssituatio-

nen und betreut die Kinder in pädagogischer Hinsicht, die Anregung erfordert jedoch keine unmittelbare und
präsentierbare Bewegungslösung. Be-
wegungsanregungen gehen oft von
Materialien und Geräten aus, z.B. von
Alltagsmaterialien oder Bewegungslandschaften. Die Grenze zur *Spiel-*
oder *Tanzanregung* ist fließend. So verfremden Kinder z.B. gerne Kleingeräte
wie Reifen, Seile oder Keulen und nutzen sie im Sinne des darstellenden
Spiels. Eine besondere Rolle spielen die
so genannten *Bewegungsgeschichten.*
Sie bestehen aus einer
thematisch verknüpften
Folge von Bewegungs-
und Spielanweisungen.

Gute Aufgabenstellungen
sind das A und O jeder
Übungsstunde.

Gerade für Kinder im Vorschulalter besitzen sie einen hohen Aufforderungscharakter — Bewegungsgeschichten
„kommen gut an". Trotzdem sollten sie
im Rahmen der kreativen Bewegungserziehung nur sehr bewusst eingesetzt
werden. Zum einen sind sie stark von
der Animationsfähigkeit der Übungsleiterin abhängig. Zum anderen bieten
sie oft keine eigenständigen Handlungsspielräume für die Kinder, son-

dern fordern sie nur zum Nach- bzw. Mitmachen auf. Soll die Kreativität der Kinder über eine Bewegungsgeschichte angeregt werden, so müssen in ihrem Verlauf Aufgaben gestellt werden, die die Kinder selbstständig lösen können.

Insgesamt unterscheiden sich die methodischen Maßnahmen der kreativen Bewegungserziehung durch einen unterschiedlichen Grad an Offenheit und Komplexität (vgl. Abb. 3).

Methodische Maßnahmen – Beispiele zum Gehen

- *Bewegungsanweisung:* „Geht von der einen Seite der Halle zur anderen auf einer geraden Linie. Achtet darauf, dass ihr immer über die Ferse abrollt. Die Füße zeigen genau nach vorne, der Körper ist aufgerichtet. Ich zeige es euch mal ... So, nun seid ihr dran!"
- *Bewegungsaufgabe:* „Probiert verschiedene Arten des Gehens aus. Ihr könnt z.B. vorwärts oder rückwärts, mit O-Beinen oder X-Beinen, mit geradem oder vorgebeugtem Oberkörper gehen. Am Ende sollt ihr zwei ‚Geh-Arten' zeigen, die sich deutlich voneinander unterscheiden!"
- *Bewegungsanregung:* „Ich mache jetzt eine Musik an, zu der man gut gehen kann. Probiert mal aus, was euch dazu alles einfällt. Wenn ihr Lust habt, könnt ihr auch mit einem Partner zusammen gehen!"
- *Unkonventionelle Bewegungsaufgabe:* „Versucht mal so zu gehen, dass eure Knie möglichst hoch und eure Hände möglichst tief sind!" Oder: „Probiert mal aus, ob man so gehen kann, dass die Füße bei jedem Schritt eine Hand berühren!"
- *Spielanweisung:* „Geht mal wie ein Cowboy. Die Fußspitzen zeigen dabei zur Seite, die Knie sind weit auseinander und die Ellbogen stehen ab. Nach vier Schritten bleibt ihr breitbeinig stehen und sagt laut: ‚Oh yeah!'"
- *Spielaufgabe:* „Denkt euch in Dreiergruppen ein Spielszene in einer Fußgängerzone aus. Dabei sollen sich drei verschiedene Typen begegnen, die ganz unterschiedlich gehen. Zum Beispiel eine Oma, ein Fotomodell und ein Fußballspieler. Was passiert, wenn sie sich treffen?"
- *Spielanregung:* „Ich mache jetzt nochmal die Musik zum Gehen an. Vielleicht fallen euch dazu auch unterschiedliche Typen ein, z.B. eine Hausfrau mit schweren Einkaufstaschen oder ein Bauarbeiter, der Feierabend hat. Probiert mal aus, was euch einfällt!"

Während *Anweisungen* (Bewegungsanweisung, Spiel- und Tanzanweisung) relativ geschlossene Maßnahmen sind, verfügen *Aufgaben* (Bewegungsaufgabe, unkonventionelle Bewegungsaufgabe, Spiel- und Tanzaufgabe) über einen höheren Grad an Offenheit, die allerdings durch den Rahmen der Aufgabe begrenzt wird. Ein noch größeres Maß an Offenheit bieten die *Anregungen* (Bewegungsanregung, Spiel- und Tanzanregung), bei denen der Handlungsspielraum der Kinder kaum eingeschränkt ist.

Im Hinblick auf den Grad der Komplexität sind die ausschließlich an der *Bewegung* orientierten Maßnahmen (Bewegungsanweisung, Bewegungsaufgabe, Bewegungsanregung) einfacher als die am darstellenden *Spiel* oder am *Tanz* orientierten (Spiel- oder Tanzanweisung, Spiel- oder Tanzaufgabe, Spiel- oder Tanzanregung). Durch die Erweiterung der Bewegungshandlung um die Spielfunktionen sind sie in ihren Anforderungen an die Kinder komplexer.

Das Spektrum der Maßnahmen spiegelt sich in den *methodischen Verfahrensweisen* wider. Sie beschreiben grundlegende Arbeitsweisen einer Übungsstunde. Methodische Verfahrensweisen „bündeln" sozusagen die Maßnahmen nach übergeordneten Gesichtspunkten.

Die Verfahrensweisen werden oft in Gegensatzpaaren beschrieben, die zwar in einem gewissen Zusammenhang stehen, sich aber prinzipiell ausschließen. Die bekanntesten Verfahren sind das induktive und das deduktive Unterrichtsverfahren sowie das synthetische (ganzheitliche) und das analytische (zergliedernde) Unterrichtsverfahren.

Für die kreative Bewegungserziehung ist eine solche ausschließliche Betrachtungsweise wenig hilfreich. Hier geht es nicht um eine Grundsatzentscheidung zugunsten des einen oder anderen Weges, die zu Beginn einer Übungsstunde getroffen wird. Vielmehr muss *innerhalb* einer Stunde je nach Situation flexibel zwischen den verschiedenen Verfahrensweisen gewechselt werden.

In diesem Sinne können drei methodische Verfahrensweisen unterschieden werden, die sich gegenseitig ergänzen (vgl. Tab. 2).

Unterrichten durch VORGEBEN	Unterrichten durch AUFGEBEN	Unterrichten durch ANREGEN
• Genormte Bewegungsausführung • Vorgegebene Spielhandlung	• Vielfältige Bewegungs- und Spielmöglichkeiten	• Vielfältige Bewegungs- und Spielmöglichkeiten
• Bewegungsanweisung • Spiel- und Tanzanweisung	• Bewegungsaufgabe • Unkonventionelle Bewegungsaufgabe • Spiel- oder Tanzaufgabe	• Bewegungsanregung • Spiel- oder Tanzanregung
• Eine Lösungsmöglichkeit	• Viele Lösungsmöglichkeiten	• Keine präsentierbare Lösung angestrebt
• Erfahren und Erlernen von Bewegungsmöglichkeiten und -fertigkeiten	• Ausprobieren und Erfinden von eigenen Bewegungs- und Spielmöglichkeiten • Entwickeln von Spielszenen und Tänzen	• Erlebnis von Bewegung und Spiel
• Produktorientierung	• Prozess- und Produktorientierung	• Prozessorientierung

Tab. 2: Methodische Verfahrensweisen kreativer Bewegungserziehung

Beim *Unterrichten durch Vorgeben* schreibt die Übungsleiterin durch Bewegungsanweisung, -erklärung oder -demonstration genau vor, wie sich die Kinder bewegen sollen. Im Rahmen von Gestaltungsphasen kann auch die Spiel- oder Tanzanweisung eingesetzt werden. Die Bewegungsausführung ist weitgehend genormt; es gibt nur eine Lösungsmöglichkeit.

Komplexere Bewegungs- oder Spielfertigkeiten, wie z.B. akrobatische Techniken oder spezielle Tanzformen, können auch in Form einer methodischen Übungsreihe vermittelt werden. Die Verfahrensweise des Vorgebens ist dem deduktiven Unterrichtsverfahren verwandt. Sie zielt im Wesentlichen auf das Erfahren und Erlernen von Bewegungsfertigkeiten und ist vorrangig produktorientiert.

Die Bedeutung des Unterrichtens durch Vorgeben für die kreative Bewegungserziehung liegt vor allem in der Vorbereitung von Improvisationsprozessen, im Schaffen eines „Bewegungspools", auf den die Kinder in weiterem Verlauf einer Übungsstunde zurückgreifen können (vgl. Kap. 4.2).

Das *Unterrichten durch Aufgeben* basiert auf dem Einsatz von Bewegungsaufgabe, unkonventioneller Bewegungsaufgabe sowie Spiel- und Tanzaufgabe. Aus einer nahezu unbegrenzten Vielfalt an Bewegungs- und Spielmöglichkeiten können unterschiedliche Lösungen für eine Aufgabenstellung gefunden werden.

Im Vordergrund des Aufgebens steht das Ausprobieren und Erfinden von eigenen Bewegungs-, Spiel- und Ausdrucksmöglichkeiten sowie das Entwickeln von Spielszenen oder Tänzen. Das Vorgehen ist sowohl prozess- als auch produktorientiert. Im Sinne des induktiven Unterrichtsverfahrens können nach einer Erfahrungs- und Erfindungsphase einzelne Lösungen herausgestellt, kommentiert und auch kritisiert werden, um dann von der gesamten Gruppe geübt oder weiterentwickelt zu werden.

Normalerweise sind im Rahmen der kreativen Bewegungserziehung jedoch *alle* gefundenen Lösungen bedeutsam und können nebeneinander bestehen bleiben.

Auch beim *Unterrichten durch Anregen* stehen den Kindern im Sinne eines induktiven Vorgehens vielfältige Bewegungs- und Spielmöglichkeiten zur Verfügung. Bewegungs-, Spiel- und Tanzanregungen zielen allerdings nicht auf eine vorzeigbare Lösung, sondern geben lediglich Impulse zum freien Bewegen und Spielen.

Im Vordergrund des Anregens steht das zweckfreie, spontane Bewegungsspiel, das sich ganz am Prozess des Tuns orientiert. In der kreativen Bewegungserziehung kommt das Unterrichten durch Anregen vor allem in Einstimmungs- und Ausklangphasen zum Einsatz, da es kaum zu einer vertiefenden Auseinandersetzung führt.

Aus den mehr oder weniger zufälligen Erlebnissen und Erfahrungen im freien Spiel können sich jedoch auch Spielszenen oder Tänze entwickeln. Anregungen bieten sich zudem oft auch „zwischen den Zeilen" an, d.h. als Erweiterung oder Verdeutlichung einer Spielidee im Rahmen von Improvisationsprozessen (vgl. Kap. 4.5).

Die einzelnen methodischen Maßnahmen und Verfahrensweisen sind nicht immer trennscharf voneinander abzugrenzen. Es kann von einem *methodischen Kontinuum* ausgegangen werden, d.h. die Grenzen zwischen den verschiedenen methodischen Möglichkeiten sind fließend.

In der Praxis ist eine genaue Bezeichnung der jeweiligen Aufgabe auch nicht ausschlaggebend. Entscheidend ist vielmehr, dass sich mit den vorgestellten Maßnahmen und Verfahrensweisen graduell abzustufende Aktionsformen bieten, mit denen der kreative Prozess in seinem Wechselspiel von Aufnehmen und Ausprobieren, Improvisieren und Gestalten, Öffnen und Schließen differenziert angeleitet werden kann.

Mit Hilfe der dargestellten Unterscheidungen kann man sich den Grad der Offenheit und Komplexität einer Aufgabe verdeutlichen und damit bewusste Entscheidungen in der Planung, Durchführung und Auswertung von Übungsstunden treffen. Auch den Spielanregungen in diesem Buch liegt eine differenzierte Variation des Handlungsspielraums von Aufgabenstellungen zugrunde (vgl. Kap. 5).

4.2 Improvisation und Gestaltung

Improvisieren bzw. Spielen und Gestalten gehören zu den zentralen Handlungsweisen der kreativen Bewegungserziehung (vgl. Kap. 2.4). In der Improvisation steht das Ausprobieren, Erkunden und Entwickeln eigener Bewegungs-, Spiel- und Ausdrucksmöglichkeiten im Vordergrund. Für die Gestaltung ist das Klären, Festlegen und Inszenieren von Bewegungsabläufen, Spielhandlungen oder Tänzen bestimmend.

Die Verständnisweisen von Improvisation und Gestaltung sind z.T. sehr unterschiedlich. Hilfreich ist die Vorstellung eines *Kontinuums,* d.h. eines fließenden Übergangs von Improvisation und Gestaltung.

Sollen eher innere Vorstellungswelten angesprochen werden, geht es um Wahrnehmung und Erfahrung im Prozess des Sich-Bewegens und wird die Bewegung relativ unreflektiert erlebt, so kann von einer Improvisation gesprochen werden. Bekommt dagegen die Außenperspektive mehr Gewicht, ist ein vorzeigbares Produkt das Ziel der Arbeit und wird die Bewegung reflektiert und bewusst gemacht, so handelt es sich eher um eine Gestaltung (vgl. Abb. 4).

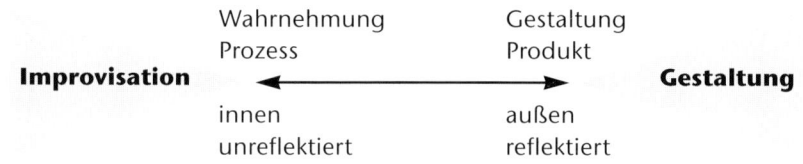

Abb. 4: Kontinuum zwischen Improvisation und Gestaltung

Werden Improvisation und Gestaltung im Rahmen einer Übungsstunde eingesetzt, können sie auch als komplexe Unterrichtsmethoden verstanden werden. Voraussetzung dafür ist, dass sie pädagogisch verantwortet und didaktisch-methodisch aufbereitet werden. In diesem Sinne werden *spezielle Kriterien für die Improvisation und Gestaltung* beschrieben, die sich sowohl auf den Einsatz methodischer Maßnahmen und Verfahrensweisen im Stundenverlauf als auch auf weiterführende Aspekte der Aufgabenstellung beziehen (vgl. Abb. 5).

Improvisation und Gestaltung bedürfen zunächst einmal der *Vorbereitung.* Das betrifft zum einen die körperliche Erwärmung; ein geflügeltes Wort im Tanzunterricht besagt: „Ohne Schweiß keine Kreativität." Eng damit verbunden ist das Abschalten vom (Schul-) Alltag sowie die Einstimmung auf das jeweilige Stundenthema.

Auch in sozialer Hinsicht müssen Improvisation und Gestaltung vorbereitet werden. Nur wenn es gelingt, eventuelle Berührungsängste und Hemmungen abzubauen, kann die kreative Zusammenarbeit gelingen.

Über die vielfältige Einstimmung hinaus umfasst das Vorbereiten von Aufgabenstellungen auch das Kennenlernen und Erfahren verschiedener Bewegungs- und Spielmöglichkeiten, auf die die Kinder im weiteren Verlauf der Übungsstunde zurückgreifen können.

Es muss sozusagen ein *Bewegungspool* geschaffen werden, den die Kinder als „Spielzeug" oder „Material" für das Improvisieren und Gestalten nutzen können. Das Material kann sehr einfach sein; man muss nicht schwierige Techniken lernen, um kreativ sein zu können! Wichtig ist allerdings das Aufzeigen bzw. Entwickeln von Alternativen zu üblichen Bewegungs- und Handlungsmustern.

Zum „Füllen" des Bewegungspools kann auf das gesamte Spektrum von Anweisungen, Aufgaben und Anregungen zurückgegriffen werden. So kann man z.B. mit Bewegungs- oder Spielanregungen auf ein Thema einstimmen, mit klaren Bewegungsanweisungen kann das Bewegungsrepertoire erweitert werden und mit Bewegungsaufgaben können neue Bewegungsmöglichkeiten entwickelt werden.

Das entscheidende Kriterium für die Wahl einer Aufgabenstellung ist der mit ihr verbundene *Freiheitsgrad,* d.h. der Handlungsspielraum, der durch die Aufgabe eingeräumt wird.

Die Kunst besteht darin, den Kindern einen ihren Voraussetzungen angemessenen, situationsgerechten Spielraum zur Verfügung zu stellen. Im Allgemeinen ist der Handlungsspielraum zu Beginn einer Unterrichtsstunde eher begrenzt, um die Kinder schrittweise an den kreativen Umgang mit der Bewegung heranzuführen. Nach und nach kann der Rahmen der Aufgabenstellung dann offener werden.

Im Verlauf einer Übungsstunde müssen aber immer wieder situative Anpassungen des Freiheitsgrades vorgenommen werden, wenn z.B. über eine Anweisung mehr Klarheit geschaffen oder über eine Anregung mehr Spielraum gegeben werden soll. Die Übungsstunde bewegt sich damit in einem ständigen Fluss des Öffnens und Schließens. Grundsätzlich kann dabei dem methodischen Grundsatz „So offen wie möglich, so geschlossen wie nötig" gefolgt werden.

Das Schließen des Unterrichts muss jedoch nicht zwangsläufig schlecht sein. Gerade die gezielte *Begrenzung* oder „Reduktion" einer Aufgabenstellung kann differenzierte, individuelle Lösungen hervorrufen. Diese widersprüchlich erscheinende Tatsache kann in zweifacher Hinsicht erklärt werden: Zum einen bekommen die Kinder eine gewisse Handlungssicherheit, wenn die Aufgabenstellung klar eingegrenzt ist. Begrenzen heißt „das zu erlauben, was nicht verboten ist" (PINOK/MATHO 1987, 31).

Zum anderen fordert eine reduzierte Aufgabenstellung die Kreativität der Kinder heraus. Wenn der Rahmen einer Aufgabe weit gesteckt ist, bieten sich viele vordergründige Lösungen an. Ist die Aufgabe dagegen klar umrissen, können die Kinder nicht auf bekannte Bewegungsmuster oder Klischees zurückgreifen, sondern müssen eigene Lösungen entwickeln.

Ein Beispiel aus der Musik soll das verdeutlichen: Stellt man einem Anfänger alle Tasten auf dem Klavier zur Verfügung, spielt er bestenfalls „Hänschen klein". Beschränkt man ihn dagegen auf eine Taste, so muss er kreativ werden, d.h., er beginnt im Hinblick auf Tondauer, Lautstärke, Rhythmus usw. zu variieren. In der Begrenzung einer Aufgabenstellung liegt somit der Schlüssel zur Vielfalt an individuellen Lösungen.

Improvisation und Gestaltung basieren im Allgemeinen auf bestimmten *Ausgangspunkten,* die den Impuls für die kreative Auseinandersetzung geben. Sie helfen bei der Aufbereitung eines Inhalts im Hinblick auf ein konkretes Stundenthema.

Zwar kann es zu Überschneidungen zwischen Inhalten und Ausgangspunkten kommen, weil diese stark inhaltsbezogen sind. Trotzdem besitzen sie eine wichtige methodische Funktion und zwar insofern, als sie den *Fokus* bilden, durch den ein bestimmter Inhalt betrachtet wird. Sie geben an, *als was* ein Inhalt verstanden werden soll.

Ist z.B. die Bewegungsgrundform „Gehen" Inhalt einer Unterrichtseinheit, so eröffnet Gehen zu einer anregenden Musik andere Möglichkeiten als pantomimisches Gehen auf der Stelle oder Gehen mit einem konkreten Spielthema, wie z.B. „Sommerschlussverkauf". Für die Improvisation und Gestaltung mit Kindern bieten sich besonders die folgenden Ausgangspunkte an (vgl. Kap. 5):

- Alltagsbewegungen und -tätigkeiten.
- Spielideen und Handlungsthemen.
- Spannung und Entspannung.
- Partner und Gruppe.
- Objekte und Materialien.
- Gerätearrangements und Bewegungslandschaften.
- Bewegungs- und Darstellungstechniken.
- Musik und Tanz.

Ein weiteres Kriterium für Improvisation und Gestaltung liegt in der Wahl der Gestaltungskriterien. Sie bieten konkrete Maßstäbe, nach denen Bewegungs- und Spielhandlungen strukturiert werden können. Durch die Berücksichtigung eines Gestaltungskriteriums wird ein bestimmter Anteil des Bewegungsspiels betrachtet, sodass Aufgaben differenziert gestellt und entwickelt werden können. Insgesamt werden vier *Gestaltungskriterien* unterschieden:

Das Kriterium **Raum** bezieht sich auf die räumliche Variation von Bewegungen und umfasst z.B. Bewegungsrichtungen (vorwärts, rückwärts, seitwärts), Ebenen (hoch, mittel, tief), Dimensionen (eng, weit), Raumformen (gerade, kurvig, eckig, rund) sowie Gruppierungsformen (Reihe, Kreis, Gasse). Ein Beispiel zur räumlichen Variation findet sich in dem Spiel *Guten Tag, Frau Meyer!* (vgl. Kap. 5.4).

Das Kriterium **Zeit** betrifft die zeitliche Gliederung der Bewegung. Dazu gehören z.B. Tempo (schnell, langsam), Takt (3/4-, 4/4-Takt), Betonung (schwer, leicht), Rhythmus (Rheinländer, Tango) und Zäsuren (Innehalten) einer Bewegung. Ein Beispiel zur zeitlichen Variation findet sich in dem Spiel *Redensarten* (vgl. Kap. 5.1).

Unter **Dynamik** wird die Intensität bzw. Spannung oder – musikalisch gesprochen – die „Lautstärke" einer Bewegung verstanden. Spannung und Entspannung (angespannt, schlapp), Bewegungsfluss (ohne „Ecken"), Stopps (mit „Ecken"), Krafteinsätze (viel oder wenig „Energie") und auch Bewegungsgestik (Arm- und Beineinsatz) sind Aspekte der Dynamik. Ein Beispiel zur dynamischen Variation findet sich in dem Spiel *Fußgängerzone* (vgl. Kap. 5.3).

Das Kriterium **Form** bezieht sich vor allem auf funktionell-anatomische Abwandlungsmöglichkeiten der Bewegung, z.B. das Ein- und Ausrollen der Füße, eine aufrechte oder gebeugte Körperhaltung oder unterschiedliche Varianten des Armeinsatzes. Ein Beispiel zur formalen Variation findet sich in dem Spiel *Begrüßung der Clowns* (vgl. Kap. 5.7).

Allein über die gezielte Variation *eines* Gestaltungskriteriums erschließen sich vielfältige Bewegungs- und Ausdrucksmöglichkeiten. Besonders für die Eingrenzung und Variation von Bewegungsaufgaben geben die Gestaltungskriterien differenzierte Anregungen.

Die Gestaltungskriterien beziehen sich im Wesentlichen auf den motorischen Anteil des Bewegungsspiels. Hilfestellung für das darstellende Spiel bieten die *Spielfunktionen.* Sie regen Situationen an, aus denen Spielhandlungen und damit darstellendes Spiel entsteht. Für die Spielfunktionen sind drei Fragen ausschlaggebend: „Wer bin ich und wo komme ich her?" als die Frage nach der Spielrolle, „Wo bin ich und wem stehe ich gegenüber?" als die Frage nach der Spielsituation und „Was bin ich und was soll ich?" als die Frage nach der Spielhandlung.

Im Hinblick auf die kreative Bewegungserziehung mit Kindern kann vereinfacht gefragt werden: *Wer* bewegt sich *wie, wo,* mit *wem* und *warum*? Eine Spielhandlung gründet sich damit auf die beteiligten Personen, die Handlung, den Ort sowie die zugrunde liegende Motivation. Die Bedeutung der Spielfunktionen liegt insbesondere in der Impulsgebung für den Schritt von der Bewegungs- zur Spielaufgabe sowie in der Gestaltung von Spielhandlungen (vgl. Kap. 4.1).

Für das darstellende Spiel sind weiterhin die Spielstile von Bedeutung, d.h. die Kinder können sich auf unterschiedlichen Darstellungsebenen befinden. In Anlehnung an die französischen Bewegungspädagoginnen PINOK/MATHO (1987, 105ff.) können drei Spielstile unterschieden werden:

Die *Mime d'évocation* beinhaltet Aktionen und Handlungen, die direkt durch ein Wort hervorgerufen werden. So könnte z.B. das Wort „Banane" zum pantomimischen Schälen und Essen einer Banane führen. Die Kinder spielen mit der konkreten Vorstellung einer Banane.

Verwandelt sich dagegen ein Kind in ein „Element des Kosmos", so spielt es im Bereich des *Cosmomorphisme.* Das Kind wird in diesem Fall selbst zur Banane. Das Hineinversetzen in Gegenstände fällt Kindern – im Gegensatz zu Erwachsenen – im Allgemeinen leicht. Im Spiel wechseln sie häufig zwischen der Mime d'évocation und dem Cosmomorphisme.

Das *Jeu Comedien* schließlich zeigt subjektive Reaktionen, Gefühle oder Empfindungen, die ein bestimmter Begriff auslöst. Das Wort „Banane" könnte z.B. Freude auf ein Bananeneis oder Ekel vor einer matschigen Banane auslösen. Im Spiel reagieren die Kinder spontan auf die jeweilige Situation. Gefühle „auf Kommando", wie sie ein Schauspieler hervorbringen kann, sind dagegen kaum möglich und erscheinen auch wenig erstrebenswert.

Ein weiteres Kriterium für das darstellende Spiel ist die Wahl der *Übertragungsebene.* Spielhandlungen können *realistisch-figurativ* gemeint sein; die

Darstellung ist dann „natürlich" und ohne theatralische Verformung. Das „Spiel ohne Hintergedanken" entspricht dem kindlichen Spiel und ist die häufigste Darstellungsform im Bewegungstheater mit Kindern.

Bei der *kritischen Interpretation* werden bewusst Mittel wie Übertreibung, Abweichung oder Verformung angewendet, sodass die Darstellung z.B. satirischen Charakter bekommt. Auch diese Übertragungsebene kann in der kreativen Bewegungserziehung mit Kindern genutzt werden, da sie oft lustig und clownesk ausfällt. Sie erfordert allerdings ein gewisses Abstraktionsvermögen und sollte daher nicht zu früh ausprobiert werden.

Durch eine *lyrisch-poetische Verklärung* wird die Darstellung idealisiert bzw. überhöht. Im Bewegungsspiel der Kinder ist diese Darstellungsform kaum anzutreffen und sollte von daher auch nicht angestrebt werden.

Insgesamt sind die Kriterien für Improvisation und Gestaltung ausgesprochen vielfältig (vgl. Abb. 5).

Hinweise zur Aufgabenstellung wie Vorbereitung, Kombination und Eingrenzung beziehen sich unmittelbar auf die Ebene methodischer Maßnahmen und Verfahrensweisen. *Ausgangspunkte* und *Gestaltungskriterien* orientieren sich vorrangig an der motorischen Ebene des Bewegungsspiels, während *Spielfunktionen, Spielebenen* und *Übertragungsebenen* der darstellerischen Ebene zuzurechnen sind. Im Rahmen von Probenarbeit können darüber hinaus spezielle *Inszenierungskriterien* beschrieben werden (vgl. Kap. 6.2). Die Vielfalt der Kriterien mag auf den ersten Blick verwirrend erscheinen. Gleichwohl bieten die Kriterien konkrete Anhaltspunkte für die Planung, Durchführung und Gestaltung von Improvisations- und Gestaltungsprozessen im Rahmen der kreativen Bewegungserziehung.

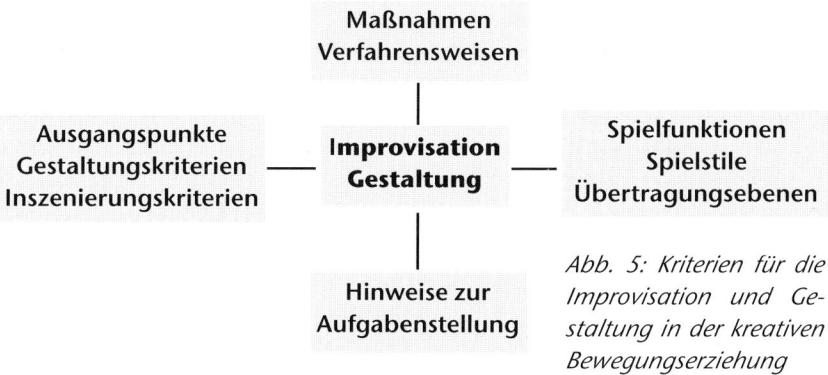

Abb. 5: Kriterien für die Improvisation und Gestaltung in der kreativen Bewegungserziehung

4.3 Stundenaufbau

Der Stundenaufbau in der kreativen Bewegungserziehung unterscheidet sich von üblichen Vorstellungen zur Struktur einer Übungsstunde. Zwar können auch hier mit der Einstimmung, dem Hauptteil und dem Ausklang prinzipiell drei Phasen unterschieden werden. Im Gegensatz zu normalen Übungsstunden zielt die kreative Bewegungserziehung jedoch besonders auf das Erfahren und Entwickeln eigener Bewegungs-, Spiel- und Ausdrucksmöglichkeiten und damit auf das Anregen und Freisetzen von Kreativität.

Spezielle Stundenmodelle müssen dementsprechend die Vorbereitung und Strukturierung kreativer Prozesse berücksichtigen. Im Bewegungstheater werden dazu das „Aufbau-" und das „Mosaikmodell" als grundlegende Vorgehensweisen unterschieden (vgl. TIEDT 1995a, 22ff.). Beide Modelle zeichnen sich durch eine strukturierte Vorbereitung kreativer Prozesse aus (vgl. Tab. 3).

Aufbaumodell	Mosaikmodell
• Einstimmung und Erwärmung • Sammeln von Bewegungserfahrung und Bewusstmachen von Bewegungsmöglichkeiten • Kombination, Variation und Weiterentwicklung der bisherigen Bewegungsmöglichkeiten • Entwickeln einer Spielidee • Präsentation und Auswertung	• Einstimmung und Erwärmung • Ausprobieren unterschiedlicher Bewegungs- *und* Spielmöglichkeiten • Finden einer eigenen, neuen Bewegungs- oder Spiellösung • Entwickeln einer Spielidee • Präsentation und Auswertung

Tab. 3: Stundenmodelle in der kreativen Bewegungserziehung (nach TIEDT 1995a)

Das *Aufbaumodell* gliedert sich in fünf Phasen:

Die erste Phase dient der Einstimmung und Erwärmung. Hier geht es um die körperliche, emotionale und soziale Vorbereitung der Übungsstunde.

Die zweite Phase beinhaltet das Sammeln von Bewegungserfahrungen und das Bewusstmachen von Bewegungsmöglichkeiten. Bewegungsanweisungen und Bewegungsaufgaben führen zu einer differenzierten Auseinandersetzung mit der Bewegung.

Dieser Abschnitt geht über in die dritte Phase, in der vertraute Bewegungen durch unkonventionelle Aufgabenstellungen neu und ungewöhnlich erlebt werden sollen.

In der vierten Phase werden die Bewegungserfahrungen und Ideen der vorangegangenen Abschnitte für das Entwickeln einer Spielidee genutzt. Erst die Spielaufgabe zielt ausdrücklich auf das darstellende Spiel.

In der abschließenden fünften Phase erfolgt die Präsentation und Auswertung der Arbeitsergebnisse.

Im Gegensatz zum Aufbaumodell verfolgt das *Mosaikmodell* die Vorbereitung der Spielaufgabe weniger geradlinig. Nach einer vergleichbaren Einstimmungs- und Erwärmungsphase folgt eine Aneinanderreihung von Bewegungs- und Spielmöglichkeiten zu einem übergeordneten Thema. Von vornherein wird also auch das darstellende Spiel bewusst mit einbezogen.

Durch das Ausprobieren unterschiedlicher Bewegungs- und Spiellösungen erleben die Kinder das Stundenthema auf immer wieder andere Art und Weise. In der dritten Phase bekommen sie die Aufgabe, eine neue, *eigene* Lösung für das Thema zu finden. Auf dieser Grundlage kann anschließend eine erweiterte Spielaufgabe gestellt werden. Präsentation und Auswertung der Ergebnisse beenden die Übungsstunde.

Beide Stundenmodelle zielen auf das Stellen einer Spielaufgabe, in der die Kinder selbstständig eine Spielszene entwerfen, die sie anschließend vor der Gruppe präsentieren. In beiden Fällen kommen die Kinder über die intensive Auseinandersetzung mit dem „Material" zum Improvisieren und Gestalten.

Der Hauptunterschied zwischen dem Aufbau- und dem Mosaikmodell liegt in der Aufbereitung des Improvisationsmaterials. Während das „Spielzeug" im Aufbaumodell über eine schrittweise gegliederte Körper- und Bewegungsarbeit erschlossen wird, wird es im Mosaikmodell über unterschiedliche Bewegungs- und Handlungsbeispiele deutlich, die weniger motorisch als vielmehr inhaltlich in einem gewissen Zusammenhang stehen.

Aufbau- und Mosaikmodell sind als „Idealtypen" zu verstehen, die in der Praxis vielfältig abgewandelt werden können. So besteht z.B. immer die Möglichkeit, die Übungsstunde *nicht* mit dem Entwickeln und Präsentieren von Spielszenen zu beenden. Erlebnisorientierte Stunden mit Kindern müssen nicht zwangsläufig zu einer Gestaltung führen, sondern können auch mit einer Improvisation beendet werden.

So können auch die Stundenbeispiele in diesem Buch verschiedenen Stundenmodellen zugeordnet werden. Dem Aufbaumodell folgt z.B. die Stunde zu Spannung und Entspannung weitgehend (vgl. Kap. 5.3), nach dem Mosaikmodell richtet sich z.B. die Stunde zu Alltagsbewegungen und -tätigkeiten (vgl. Kap. 5.1) und als Improvisationsstunde kann z.B. die Stunde zu Gerätearrangements und Bewegungslandschaften betrachtet werden (vgl. Kap. 5.6).

Das Gelingen „kreativer" Übungsstunden ist in jedem Fall an die Verbindung und wechselseitige Durchdringung von Bewegung und Darstellung gebunden. Zwischen motorischer und inhaltlicher Auseinandersetzung muss eine „Brücke" geschlagen werden.

Als *Brückenaufgabe* bieten sich unkonventionelle Bewegungsaufgaben an, weil sie ungewöhnliche Bewegungsmöglichkeiten provozieren. Aber auch die Variation eines Gestaltungskriteriums, die Änderung der Gruppengröße oder die Bindung der Aufgabenstellung an eine neue Spielidee können zur Differenzierung, Umwandlung und Weiterentwicklung eines Themas beitragen. Eine gelungene Brückenaufgabe führt nicht nur von der Bewegung zur Darstellung, sondern auch vom vorgegebenen zum selbst bestimmten Spiel. Der Weg, der hier beschritten wird, kann beschrieben werden als „von der Initiative des Lehrenden hin zur eigenen Initiative, von der angebotenen Lösung hin zur eigenen Lösung durch Anregung und Vorbild, welches zum Verändern reizt" (TIEDT 1995b, 251). Die Arbeit mit Bewegungs-, Spiel- und Tanzaufgaben ermöglicht das schrittweise Vergrößern der Handlungsspielräume und erschließt damit sowohl Möglichkeiten der kreativen Auseinandersetzung als auch des eigenverantwortlichen Handelns.

4.4 Methodische Prinzipien

Die methodische Vorgehensweise der kreativen Bewegungserziehung kann in sechs methodischen Prinzipien zusammengefasst werden:

1. Das ***Prinzip der Vorbereitung von Aufgabenstellungen*** umfasst zum einen die körperliche, emotionale und soziale Einstimmung und Erwärmung der Kinder. Zum anderen betrifft sie das Kennenlernen und Entwickeln vielfältiger Bewegungsmöglichkeiten – das Schaffen eines „Bewegungspools" – auf den die Kinder im weiteren Verlauf der Übungsstunde zurückgreifen können.

2. Das *Prinzip der Eingrenzung von Aufgabenstellungen* steht für einen flexiblen, situationsgemäßen Umgang mit der Offenheit des Unterrichts. In der Regel eröffnet die Begrenzung einer Aufgabe differenziertere Handlungsmöglichkeiten, als ein offenes Vorgehen, das häufig verunsichernd wirkt und nur vordergründige Ideen provoziert.

3. Das *Prinzip der Kombination unterschiedlicher Aufgabenstellungen* verweist auf die ausdrückliche Vielfalt methodischer Maßnahmen und Verfahrensweisen. Erst das Zusammenspiel von Vorgaben, Aufgaben und Anregungen auf der Bewegungs- und Inhaltsebene ermöglicht eine differenzierte Auseinandersetzung.

4. Das *Prinzip der Nutzung unterschiedlicher Ausgangspunkte* garantiert sowohl die thematische Eingrenzung und Strukturierung eines Inhalts als auch die Vielfalt an Bewegungsmöglichkeiten. Ausgangspunkte bilden den Fokus, durch den ein bestimmter Inhalt betrachtet wird.

5. Das *Prinzip der Prozessorientierung* steht für die grundsätzliche Offenheit des Unterrichts. Das Ausprobieren, Erkunden und Entwickeln individueller Bewegungs-, Spiel- und Ausdrucksmöglichkeiten wird nicht als unliebsamer „Umweg" verstanden, sondern als grundlegendes Moment der Übungsstunde.

6. Das *Prinzip der Produktorientierung* ergänzt den Prozessgedanken und begrenzt ihn zugleich. Das Klären, Gestalten und Festlegen von Bewegungsabläufen, Spielhandlungen und Tänzen – das Entwickeln von wiederholbaren Formen – hilft, den Improvisationsprozess bewusst zu machen und gibt ihm eine Richtung.

4.5 Planung, Durchführung und Auswertung

Planung, Durchführung und Auswertung der kreativen Bewegungserziehung sind eng miteinander verbunden. Im Mittelpunkt steht die gelungene Übungsstunde, die sowohl einer gründlichen Vorbereitung als auch einer differenzierten Auswertung bedarf. In der Praxis vermischen sich die Phasen oftmals. So wird man z.B. die Ergebnisse einer vorangegangenen Stunde für die Planung der nächsten nutzen oder auch schon während des Unterrichts über das Gelingen oder Misslingen einzelner Aufgabenstellungen nachdenken.

Zudem kann kaum eine Übungsstunde perfekt geplant, durchgeführt und ausgewertet werden. Ein übertriebener Perfektionismus würde wohl auch die Lebendigkeit und Spielfreude von Kindern und Übungsleiterinnen stark beeinträchtigen.

Trotzdem gelingen gute Übungsstunden selten „von alleine". Das Wissen um unterschiedliche Vorgehensweisen und Schwerpunkte bei der Planung, Durchführung und Auswertung kreativer Bewegungserziehung kann zum Gelingen einer Stunde beitragen.

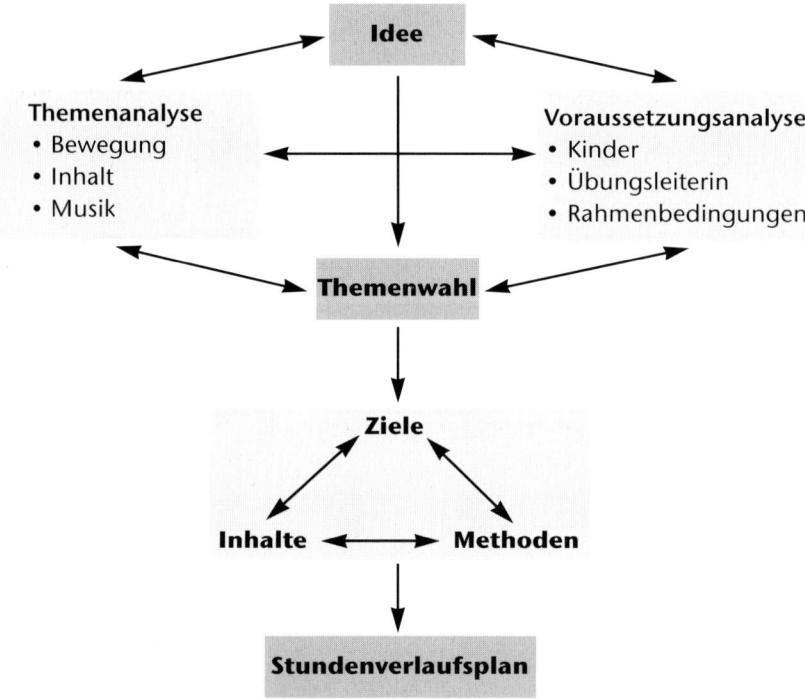

Abb. 6: Planungsschema für die kreative Bewegungserziehung

Stundenplanung

Übungsstunden im Be-
reich der kreativen Bewe-
gungserziehung müssen
– wie andere Übungs-
stunden auch – sorgfäl-
tig vorbereitet werden.

Weil sich vieles erst
im Verlauf einer Stunde
entwickelt, muss sich die
Übungsleiterin im Vor-
feld nicht nur Gedanken
zum Aufbau der Stunde,
sondern auch zu mögli-

Übungsstunden müssen sorgfältig vorbereitet werden.

chen Alternativen machen. Zwar ist es normalerweise nicht nötig, sich ferti-
ge Spielszenen oder Tänze auszudenken, doch ist es wichtig, sich einen „roten Faden" zurechtzulegen und Beispiele für mögliche Spielideen im Kopf zu
haben (vgl. Kap. 3.2). Bei der Planung einer „kreativen" Übungsstunde sind
unterschiedliche Planungsgrößen zu berücksichtigen (vgl. Abb. 6).

Im Allgemeinen beginnt die Stundenplanung mit einer *Idee*. Die Idee kann
motorischer oder inhaltlicher Art sein, sie kann sich auf einen der Ausgangspunkte, z.B. auf ein Objekt oder eine Musik beziehen, sie kann auf einen
Wunsch der Kinder zurückgehen oder auf ein Thema, das in der Gruppe gerade aktuell ist, sie kann sich aus einer alltäglichen Beobachtung ergeben
oder einem Lehrbuch entstammen. Entscheidend ist, dass die Übungsleiterin diese Idee in eine Übungsstunde umsetzen möchte.

Grundsätzlich kann jede Idee aufgegriffen werden, die ausreichend Bewegungsmöglichkeiten bietet. Bevor man sich jedoch für ein bestimmtes
Thema entscheidet, sollte man die zugrunde liegende Idee auf ihre Umsetzbarkeit prüfen. Die Prüfung geschieht in zwei parallelen Schritten, die sich
gegenseitig ergänzen.

Zum einen werden in einer *Sachanalyse* wesentliche Aspekte des möglichen
Themas untersucht. Oft ist es sinnvoll, sich zunächst über ein freies Assozie-
ren („Brainstorming") dem Thema zu nähern. Dabei ergeben sich sowohl
motorische als auch inhaltliche Ansatzpunkte.

Diese Ansatzpunkte müssen anschließend einer konkreten Analyse unterzogen werden: Welche Bewegungen bieten sich an und wodurch zeichnen sie sich aus? Welche Inhalte bzw. Spielideen bieten sich an und wodurch zeichnen sie sich aus? Oft stellt sich auch die Frage nach einer passenden musikalischen Unterstützung: Welche Musiken bieten sich an und wodurch zeichnen sie sich aus? Zur Prüfung und Aufbereitung eines Unterrichtsstoffs kann auf zahlreiche methodische Kriterien zurückgegriffen werden (vgl. Kap. 4.2).

Den zweiten, parallelen Schritt zur Prüfung und Aufbereitung eines Themas bildet die *Voraussetzungsanalyse.* Hier fließen die allgemeinen und speziellen Voraussetzungen der Kinder und der Übungsleiterin sowie die besonderen Rahmenbedingungen der Übungsstunde ein (vgl. Kap. 3.1-3.3). Anhaltspunkte bieten auch die Erfahrungen und Ergebnisse aus vorangegangenen Stunden sowie die Wünsche der Kinder. Insgesamt wird die ursprüngliche Idee im Rahmen der Sach- und Voraussetzungsanalyse auf ihre Umsetzbarkeit geprüft und – sofern sie nicht grundsätzlich verworfen wird – für die speziellen Erfordernisse der jeweiligen Gruppe aufbereitet. Auf dieser Grundlage kann dann das konkrete *Thema* einer Stunde festgelegt werden. Anschließend muss das Stundenthema in geeignete, fantasieanregende Aufgabenstellungen umgeformt werden. Die Spielidee muss in Bewegung bzw. in Bewegungsaufgaben „übersetzt" werden (vgl. Kap. 4.1).

Die Themenformulierungen in der kreativen Bewegungserziehung, wie z.B. „Drunter und Drüber", „Anschieben und Abschleppen" oder „Knall auf Fall", sind oft doppeldeutig und beinhalten sowohl einen Bewegungs- als auch einen Inhaltsbezug.

Auf der Grundlage der Themenformulierung erfolgt das Festlegen von Zielen, Inhalten und Methoden einer Übungsstunde. Die *Stundenziele* sollten konkret und nachvollziehbar formuliert werden; auch ist es sinnvoll, nicht zu viele Ziele in eine Übungsstunde zu „packen". Die *Stundeninhalte* sollten entsprechend den Voraussetzungen der Gruppe ausgesucht bzw. an diese angepasst werden.

Die *Unterrichtsmethoden* sollten mit Bedacht gewählt werden, weil sie in erster Linie darüber entscheiden, ob die Kinder im Verlauf der Stunde aktiv und kreativ werden können. Die konkrete Stundenplanung kann in einem *Stundenverlaufsplan* festgehalten werden, der alle wesentlichen Planungsgrößen in einer Übersicht enthält. Beispiele für mögliche Stundenverlaufspläne finden sich bei den Spielanregungen (Kap. 5.1-5.8).

Beispiel zur Stundenplanung
„Wie bei Hempels unterm Sofa!?" – Spielen mit einer Spielidee

Am Anfang steht die *Idee,* man könnte ja mal „wie bei Hempels unterm Sofa" spielen. Zunächst wird diese Idee auf ihre Umsetzbarkeit geprüft. In der *Sachanalyse* werden in einem Brainstorming Assoziationen gesammelt, z.B.: alte Taschentücher, abgekaute Bleistifte, flitzende Mäuse, Chaos, Spinnweben, Heinzelmännchen usw. Insgesamt stellt man fest, dass es bei Hempels unterm Sofa unordentlich ist, dass da jede Menge Gerümpel herumliegt und dass sich da alle möglichen Lebewesen tummeln.

Nun muss das Thema in geeignete Bewegungs- und Spielmöglichkeiten „übersetzt" werden. Auf der Bewegungsebene bieten sich z.B. Aufgaben zum Unter- oder Überqueren eines Partners („Drunter und Drüber") oder Aufgaben zum schnellen Laufen und Drängeln („Ab durch die Mitte") an. Inhaltlich kann man auf die verschiedenen Gegenstände und Lebewesen zurückgreifen. Zu klären ist lediglich die Frage, was sie bei Hempels unterm Sofa tun.

Sofern man in der Stunde eine Musik einsetzen möchte, bieten sich Stücke an, bei denen es richtig „abgeht" oder die vom Rhythmus oder von der Melodie her „durcheinander" sind. In der *Voraussetzungsanalyse* ist z.B. zu prüfen, ob das Thema die Kinder anspricht, ob man sich selbst darauf einlassen möchte und welche Rahmenbedingungen wichtig sind, z.B. ob ausreichend Geräte vorhanden sind.

Wenn die Prüfungsphase erfolgreich abgeschlossen werden kann, formuliert man das *Thema:* „Wie bei Hempels unterm Sofa!? – Spielen mit einer Spielidee". Das Thema macht neugierig, weckt verschiedenste Assoziationen und kann zudem sowohl motorisch als auch inhaltlich umgesetzt werden. Nun können *Ziele, Inhalte* und *Methoden* der Übungsstunde bestimmt und ein *Stundenverlaufsplan* geschrieben werden. Das Stundenbeispiel wird in den Spielanregungen ausführlich vorgestellt (vgl. Kap. 5.2).

Stundendurchführung

Die Durchführung von Übungsstunden in der kreativen Bewegungserziehung stellt sowohl an die Übungsleiterinnen als auch an die beteiligten Kinder besondere Anforderungen. Gleichzeitig bietet sie aber auch vielfältige pädagogische und persönliche Möglichkeiten (vgl. Kap. 3.1 und 3.2). Die didaktischen und methodischen Grundlagen der kreativen Bewegungserziehung sind bereits ausführlich vogestellt worden. Sie werden hier im Sinne konkreter Orientierungshilfen für die Praxis noch einmal zusammengefasst. Mögliche Fragen in der Übungssituation sind z.B.: Woran kann ich mich beim Formulieren einer einer Aufgabe orientieren? Wie verhalte ich mich in Spielsituationen? Oder: Was hilft bei Problemen? Zu diesen und ähnlichen Fragen werden *sechs Hinweise für die Stundendurchführung in der kreativen Bewegungserziehung* gegeben:

1. *Spiel beobachten.* Grundsätzlich ist es hilfreich, wenn die Übungsleiterin sich in der Stunde zunächst zurückhält und das Spiel der Kinder beobachtet. Nicht jede Bewegung muss kommentiert, nicht jeder „Fehler" korrigiert werden. Das „Geschehenlassen" oder „Nicht-Handeln" der Übungsleiterin gibt den Kindern Gelegenheit, eigene Bewegungs-, Spiel- und Ausdrucksmöglichkeiten zu entwickeln. Gleichzeitig hat die Übungsleiterin die Chance, neue Ideen aufzunehmen, die auch außerhalb ihrer Vorstellungswelt liegen können.

2. *Kontakt herstellen.* Kommunikation und Verständigungsbereitschaft sind für die kreative Bewegungserziehung unerlässlich. Nicht nur bei Problemen im Stundenverlauf kann ein offenes Gespräch zwischen Übungsleiterin und Kindern hilfreich sein. Auch für das Ausdrücken individueller Befindlichkeiten und Vorstellungen ist ein positives Unterrichtsklima wichtig. Einfühlungsvermögen und Akzeptanz sind dafür ebenso förderlich wie das ehrliche Äußern eigener Gedanken und Gefühle.

3. *Anregungen geben.* Eine gelungene Übungsstunde erfordert immer auch ein gewisses Maß an Animation und Anregung durch die Übungsleiterin. Über die differenzierte Aufgabenstellung hinaus kann die Stunde so lebendig und kreativ werden. Spontane Einfälle, bildhafte Vorstellungen, momentane Befindlichkeiten, Doppeldeutigkeiten, Alltagskomik oder auch das eigene Mitspielen und Mittanzen der Übungsleiterin – alles kann den Improvisationsprozess unterstützen.

4. *Aufgaben eingrenzen.* Der sensible Umgang mit dem Freiheitsgrad von Aufgabenstellungen ist ein zentraler Schlüssel zum Gelingen der kreativen Bewegungserziehung. Nicht nur in problematischen Situationen, sondern auch in Bezug auf das Anregen unkonventioneller Bewegungs- und Ausdrucksweisen kann das Eingrenzen von Aufgaben wertvolle Impulse geben. Ebenso sollte die Anzahl der Aufgabenstellungen sowie der angestrebten Lösungen nicht zu groß sein. Wie so oft ist 'weniger oft mehr'.

5. *Handeln ermöglichen.* Die kreative Bewegungserziehung lebt vom Ausprobieren, Experimentieren und Entwickeln. Das Bewegungsspiel sollte nicht zu oft und nicht zu ausführlich besprochen werden. Hilfreicher als das Ausdiskutieren ist meistens das Ausprobieren. Auch Spielszenen ergeben sich eher aus dem Tun, als aus der gedanklichen Vorwegnahme. Bei Schwierigkeiten ist es wichtig, die Kinder über geeignete Aufgaben „in Bewegung" zu bringen.

6. *Entscheidungen treffen.* Die Dauer einer Improvisation, die Auswahl einer Bewegungsform, das weitere methodische Vorgehen – immer wieder gibt es Momente, in denen eine Entscheidung getroffen werden muss. Gemäß dem Grundsatz, dass aus jeder Idee „etwas gemacht" werden kann, gibt es selten *die* richtige Lösung für ein Problem. Übungsleiterinnen sollten sich daher nicht scheuen, Entscheidungen auch einmal spontan „aus dem Bauch heraus" zu treffen. Eine mutige Entscheidung ist oft hilfreicher als ein langes Hinauszögern.

Stundenauswertung

Die Auswertung von Übungsstunden kommt oft zu kurz. Entweder hat man keine Zeit dafür, oder man will die Bewegungszeit nicht mit „unnützem" Gerede verkürzen. Gerade in der Arbeit mit Kindern ist das sicherlich ein wichtiges Argument. Trotzdem ist die Auswertung von Übungsstunden nicht überflüssig – im Gegenteil!

Gespräche über die Übungsstunde helfen dabei, Erlebtes bewusst zu machen und zu verarbeiten, Problematisches anzusprechen und zu lösen sowie Zukünftiges anzudenken und vorzubereiten. In der kreativen Bewegungserziehung hat die Auswertung darüber hinaus eine besondere Bedeutung.

Da die Übungsstunden im Allgemeinen prozessorientiert und offen angelegt sind, müssen die Ergebnisse in regelmäßigen Abständen festgehalten

werden. Sonst kann leicht das Gefühl entstehen, „nichts" geschafft zu haben. In diesem Sinne dient die Auswertung der *Standortbestimmung* im kreativen Prozess. Außerdem erhalten Kinder und Übungsleiterinnen durch die Auswertung Rückmeldungen über ihr Handeln, die sowohl Hilfe als auch Ansporn für weitere Stunden sein können.

Die Auswertung dient als Standortbestimmung.

Da man eine Übungsstunde kaum in allen Facetten zugleich betrachten kann, bietet es sich an, die Auswertung jeweils auf bestimmte *Auswertungsfelder* zu beschränken (vgl. Tab. 4).

Person	Paar/Kleingruppe	Großgruppe
sachliche Ebene	emotionale Ebene	soziale Ebene
Voraussetzungen	Prozess	Ergebnis

Tab. 4: Auswertungsfelder kreativer Bewegungserziehung

So kann sich die Auswertung auf eine *Person,* auf ein *Paar* bzw. eine *Kleingruppe* oder auf die gesamte *Großgruppe* beziehen. Persönliche Rückmeldungen sollten einfühlsam und vorsichtig erfolgen, damit sich niemand verletzt fühlt. Gerade Kinder können sehr kritische Beobachter sein, weshalb die Übungsleiterin auf eine angemessene Auswertungsatmosphäre achten sollte. Auch für Rückmeldungen, die sich auf Klein- oder Großgruppen beziehen, gilt der Grundsatz, dass Kritik immer sachbezogen erfolgen sollte.

Der Gegenstand einer Auswertung kann auf einer *sachlichen Ebene* liegen. Hier geht es darum, Prozesse oder Ergebnisse anhand der jeweiligen Aufgabenstellung zu messen. Die Auswertung kann formale, handwerkliche Aspekte hervorheben, oder es können alternative, weiterführende Ideen zur Spielhandlung gesammelt werden.

Weiterhin kann die Übungsstunde auf einer *emotionalen Ebene* ausgewertet werden. In diesem Fall werden Erlebnisse, Befindlichkeiten und subjektive Eindrücke angesprochen, wobei das Ziel nicht im Bewerten, sondern vielmehr im Bewusstmachen und Mitteilen der Gefühle liegen sollte.

Eine Auswertung auf der *sozialen Ebene* macht die Interaktion zwischen Einzelnen oder in der Gruppe zum Thema. Als Übungsfeld, in dem fast ausschließlich mit Partner- und Kleingruppenaufgaben gearbeitet wird, ist das Zusammenspiel besonders wichtig und sollte auch einmal angesprochen werden, wenn keine konkreten Schwierigkeiten aufgetreten sind.

Schließlich kann sich die Auswertung auf verschiedene Aspekte einer Übungsstunde beziehen. Im Hinblick auf die *Voraussetzungen* einer Stunde können z.B. Wünsche und Fähigkeiten der Kinder thematisiert werden. Steht der *Prozess* einer Übungsstunde im Vordergrund, kann z.B. das Erleben Einzelner oder das Zusammenspiel mit anderen angesprochen werden. Bei der Auswertung von *Ergebnissen* der Übungsstunde geht es häufig um das Reflektieren von Spielszenen oder um die Planung weiterer Stunden.

Insgesamt geben die Auswertungsfelder Anregungen für die Perspektive einer Stundenauswertung. In der Praxis könnte das z.B. so aussehen: Im Anschluss an eine Spielszene, die von einigen Kindern gezeigt wurde, soll die Szene im Hinblick auf ihre Gestaltung ausgewertet werden. Hilfreiche Fragen für diese Auswertungssituation sind z.B.:

Was habt ihr gesehen? Was war gut zu erkennen und was kann verbessert werden? Oder: Wie könnte die Geschichte weitergehen? Auswertungsfelder sind hier die Bereiche *Paar/Kleingruppe, sachliche Ebene* und *Ergebnis*.

Ein anderes Beispiel betrifft die individuelle Auswertung eines mehrstündigen Projekts in Form eines Briefs an einen (imaginären) Freund oder eine Freundin, in dem die Kinder berichten, wie ihnen das Projekt gefallen hat. Auswertungsfelder sind hier die Bereiche *Person, emotionale Ebene* und *Prozess*.

Viele Auswertungen ergeben sich auch ohne das Zutun der Übungsleiterin, z.B. im Anschluss an eine Improvisation. Den informellen Austausch kann man auch durch das Stellen von Beobachtungsaufgaben, in denen sich die Kinder gegenseitig zuschauen, unterstützen.

5 Spielanregungen

Die Praxis der kreativen Bewegungserziehung ist ausgesprochen vielfältig, weil sich in unterschiedlichsten Arbeitsgebieten und mit wechselnden Personen immer wieder neue Ideen entwickeln. Eine Sammlung von Spielanregungen zum Bewegungstheater kann daher immer nur eine Auswahl beinhalten.

Die im Folgenden vorgestellten Übungen und Spielformen sind als Beispiele zu verstehen, die zur *Anregung eigener Stunden* dienen sollen. Ergänzungen und Erweiterungen des Spielekanons sind ausdrücklich erwünscht! ÜbungsleiterInnen sollten ihre eigenen Bewegungs- und Spielerfahrungen in die Stundenplanung mit einbringen.

Gerade Bewegungsbereiche, wie z.B. Gymnastik, Turnen oder Zirkuskünste, bieten vielfältige Möglichkeiten der Weiterentwicklung. Technische Fertigkeiten haben allerdings immer nur eine dienende Funktion im Sinne der Bereitstellung von „Spielzeug" (vgl. Kap. 3.5).

Die Spielanregungen sind nach *Ausgangspunkten* gegliedert. Insgesamt werden acht Ausgangspunkte unterschieden: Alltagsbewegungen und -tätigkeiten, Spielideen und Handlungsthemen, Spannung und Entspannung, Partner und Gruppe, Objekte und Materialien, Gerätearrangements und Bewegungslandschaften, Bewegungs- und Darstellungstechniken sowie Musik und Tanz (vgl. Kap. 4.2).

Die Einteilung dient der besseren Übersicht. Gleichwohl sind vielfältige Überschneidungen und Verknüpfungen einzelner Übungen und Spielformen möglich. So kann z.B. das Spiel *Der eine, die andere* in fast allen Bereichen sinnvoll eingesetzt werden. Ebenso wurden teilweise bekannte Spielformen, wie z.B. *Ochs' am Berge* oder *Ebbe und Flut* aufgegriffen, um ihre Verwendung im Rahmen der kreativen Bewegungserziehung aufzuzeigen.

Alle kursiv gedruckten Spielformen sind in einem *Spieleindex* im Anhang verzeichnet. Hier findet sich auch eine *Übersicht über die Spielanregungen*.

Jedes Kapitel beginnt mit einer kurzen *Einführung* ins Thema, in der auch wesentliche Verknüpfungen zu anderen Inhaltsbereichen sowie weiterführende Literaturhinweise genannt werden. Es folgen *Einstiegsmöglichkeiten, Vertiefungsmöglichkeiten* und *Gestaltungsmöglichkeiten*, wobei Letztere Vorschläge zum Stundenaufbau auf der Grundlage der vorgestellten Übungen und Spielformen liefern.

In der Regel bezieht sich das erste Gestaltungsbeispiel auf die Arbeit mit kleinen Kindern, das zweite richtet sich an größere Kinder und das dritte Beispiel beschreibt eine Stunde für Kinder, die schon etwas Spielerfahrung haben. In den *Beobachtungsschwerpunkten* und *Hilfen* werden wesentliche Hinweise zu den Ausgangspunkten stichpunktartig zusammengefasst. Abschließend wird jeweils ein komplettes *Stundenbeispiel* vorgestellt, das auf den beschriebenen Übungen und Spielformen basiert.

5.1 Alltagsbewegungen und -tätigkeiten

In diesem Kapitel geht es um Bewegungs-, Spiel- und Ausdrucksmöglichkeiten, die im Alltag vorkommen. Dazu gehört das Spiel mit Alltagsgesten, wie z.B. Winken, einen Vogel zeigen oder mit der Schulter zucken, das Spiel mit Alltagstätigkeiten, wie z.B. Zähne putzen, Haare kämmen oder Limonade trinken und das Spiel mit Alltagshandlungen, wie z.B. Wäsche waschen, Telefonieren oder Einkaufen gehen.

Daneben können Bewegungsgrundformen wie Gehen, Laufen oder Hüpfen aufgegriffen werden. Besondere Verknüpfungsmöglichkeiten bestehen mit den Themen *Partner und Gruppe* (vgl. Kap. 5.4), *Objekte und Materialien* (vgl. Kap. 5.5) sowie *Bewegungs- und Darstellungstechniken* (vgl. Kap. 5.7). Weiterführende Hinweise zur Arbeit mit Alltagsbewegungen und -tätigkeiten finden sich u.a. bei ROSENBERG 1990, SPORTPÄDAGOGIK Heft 2/1995 und STAUDTE/BECK 1996.

Obstfangen

Einstiegsmöglichkeiten

Obstfangen

Ein oder zwei Fänger versuchen, die anderen Kinder abzuschlagen. Wer gefangen ist, wird vom Fänger in eine Frucht verzaubert, z.B. in einen Apfel, eine Erdbeere oder eine Banane.

Die Obststücke müssen solange stehen bleiben, bis sie wieder erlöst werden. Dazu geben sich zwei freie Kinder die Hände, laufen um die Frucht herum und rufen dabei zweimal laut ihren Namen, z.B.: „Banane, Banane!" Wenn sie das Obststück richtig erkannt haben, löst sich die Verzauberung und das Kind kann wieder mitspielen.

Das Spiel ist zu Ende, wenn alle Kinder in Früchte verzaubert wurden oder wenn die Kinder eine Pause brauchen. Falls die Fänger zu schwierige Obststücke vorgeben, beschränkt man die Auswahl auf drei bekannte Früchte. Das Spiel kann auch mit anderen Gegenständen gespielt werden, z.B. mit Dingen aus dem Schulranzen, der Küchenschublade oder dem Werkzeugkasten.

Wäsche sortieren

Vor dem Waschen muss die Wäsche nach Farben sortiert werden. Die Kinder laufen zu einer anregenden Musik durch die Halle. Wenn die Musik stoppt, gibt die Übungsleiterin an, welche Kleidungsstücke getrennt werden sollen.

So kommen z.B. in einem Durchgang alle weißen T-Shirts auf einen Haufen, alle roten und gelben T-Shirts auf einen

Wäschehaufen machen Spaß.

anderen Haufen und alle bunten T-Shirts auf einen dritten Haufen. Die Kinder finden sich möglichst schnell in den entsprechenden Gruppen zusammen und legen sich als „Haufen" auf den Boden. Danach setzt die Musik wieder ein und das Spiel beginnt von neuem. Im nächsten Durchgang kann z.B. nach Strumpf- oder Hosenfarbe sortiert werden.

Bei kleinen Kindern bietet es sich an, die Gruppeneinteilung genau vorzugeben („Alle roten T-Shirts hierhin, alle gelben T-Shirts dorthin ..."). Bei größeren Kindern reicht es, wenn man ein bestimmtes Kleidungsstück als Auswahlkriterium nennt; Anzahl und Zusammensetzung der Gruppen finden die Kinder selbst.

Affentheater

Ein freiwilliges Kind wird zum Affen. Der Affe und die übrigen Kinder stehen sich in der Mitte der Halle gegenüber. Alles, was der Affe vormacht, machen die anderen Kinder nach.

Natürlich macht der Affe – wie das bei Affen so üblich ist – jede Menge Faxen, aber irgendwann legt er beide Hände flach auf den Boden. Das ist für die Kinder das Zeichen, dass sie möglichst schnell zur Stirnseite der Halle rennen. Der Affe versucht seinerseits, ein Kind abzuschlagen, bevor es die Wand erreicht. Dieses Kind wird dann der neue Affe.

Für viele Kinder ist es ein großes Erlebnis, vor der ganzen Gruppe zu stehen und etwas vorzumachen. Falls ein Kind gefangen wird, das nicht den Affen spielen möchte, kann es ein anderes Kind auswählen, das sich freiwillig meldet.

Redensarten

Die Kinder bewegen sich zu einer anregenden Musik oder zu einer Bewegungsbegleitung durch die Halle. Auf Ansage der Übungsleiterin wird die Fortbewegungsart zeitlich variiert, z.B. genau „im Takt" (im Grundschlag der Musik), doppelt oder halb so schnell, mit Pausen oder ohne, mit wechselnden Geschwindigkeiten oder sogar unabhängig vom Tempo der Musik. Wenn die Übungsleiterin die Musik stoppt, gehen die Kinder zu zweit zusammen und setzen eine vorgegebene Redensart spontan in Bewegung um.

Mögliche Redensarten sind z.B.: jemanden an der Nase herumführen, jemandem die Ohren lang ziehen, jemanden aufs Kreuz legen, jemandem das Maul stopfen oder jemandem die Augen verdrehen. In Dreier-, Vierer- oder Fünfergruppen lassen sich auch „schwere" Redensarten spielen, z.B.: jemanden auf Händen tragen, jemandem den Buckel runterrutschen, jemanden auf den Arm nehmen, jemanden verschaukeln oder jemanden um die Ecke bringen.

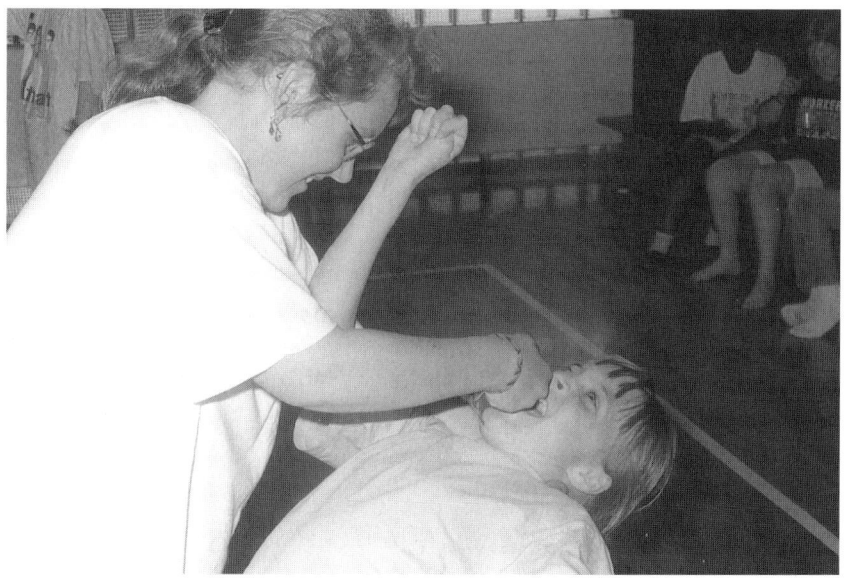

Jemandem das Maul stopfen.

Gestörte Leitung

Die Kinder stellen sich im Kreis auf und fassen sich an den Händen. Zwei freiwillige „Ingenieure" gehen kurz nach draußen, während die anderen verabreden, an welcher Stelle des Kreises die Leitung gestört ist. Die Störung kann z.B. im linken Ellbogen von Lina oder in der rechten Hand von Paul liegen.

Die Ingenieure werden wieder hereingerufen und begeben sich auf Störungssuche. Jeder von ihnen berührt die „Leitung" an einer beliebigen Stelle; zwischen den beiden Stellen wird die Leitung geprüft. Wenn der Strom fließen kann, summen alle Kinder in diesem Leitungsteil. Ist die Leitung irgendwo zwischen den beiden Prüfstellen gestört, summt keiner.

Nach und nach können die Ingenieure die Störung so immer weiter eingrenzen, bis sie sie schließlich gefunden haben. Fortgeschrittene „Leitungsteile" können sich auch bewegen, wenn der Prüfstrom durch sie hindurchfließt. Oder sie *stellen* sich nicht auf, sondern bauen ein kompliziertes Leitungssystem aus sitzenden, liegenden und stehenden Elementen.

Vertiefungsmöglichkeiten

Einkaufen

Zur Einstimmung wird eine Bewegungsgeschichte zum Einkaufen gespielt. Die Übungsleiterin nimmt die Kinder mit in einen Supermarkt, in dem man alles kaufen kann, was man sich in der Fantasie ausmalt. Jedes Kind bekommt einen imaginären Einkaufswagen, der nach und nach immer voller beladen wird, bis man schließlich an der Kasse alles aufs Förderband legt und bezahlt.

Regale, Verkaufstische, Kühltruhen usw. können mit Hilfe von Turnmatten dargestellt werden. Zwischen den Matten sind die Gänge, durch die die Kunden ihre Wagen schieben.

In einem zweiten Schritt überlegen die Kinder, womit die „Regale" gefüllt werden sollen und legen sich dann selbst z.B. als Eistüte in eine Kühltruhe oder als Coladose auf einen Verkaufstisch. Anschließend wird die Gruppe zweigeteilt; die eine Hälfte stellt die Gegenstände dar, die andere Hälfte kauft in Zweiergruppen ein.

Wäsche waschen

Die Kinder gehen zu viert oder fünf zusammen und bauen eine Waschmaschine aus Menschen. Da gibt es z.B. das Gehäuse mit Schaltern, Waschmittelfach und Tür, die Wäschetrommel, diverse Strom- und Wasseranschlüsse und nicht zuletzt die schmutzige Wäsche, die gewaschen werden soll. Selbstverständlich macht die Waschmaschine auch Geräusche.

In einem zweiten Schritt werden alle Kinder zu Wäschestücken im Inneren einer Waschmaschine. Auf einer begrenzten Spielfläche wirbeln sie zu einer Bewegungsbegleitung je nach Anweisung durcheinander. Die Wäsche kann z.B. eingeweicht und vorgewaschen, gespült oder geschleudert werden.

Anschließend gehen die Kinder wieder zu viert oder fünft zusammen. Einer ist der Mensch, der die anderen Kinder als Wäschestücke aus der Maschine holt und sie auf eine (imaginäre) Wäscheleine hängt, wo natürlich allerlei passiert. So kann die Wäsche z.B. ihre Plätze tauschen, vom Wind umhergeweht werden oder die Wäscheleine zum Einsturz bringen.

Alltagsgesten

Die Kinder setzen oder stellen sich zu zweit gegenüber. Der eine macht eine alltägliche Geste vor, die andere macht sie nach. Mögliche Gesten sind z.B. Schultern zucken, Vogel zeigen, Winken oder Hände über dem Kopf zusammenschlagen.

Im Folgenden sollen die Gesten verkleinert oder vergrößert werden. Dafür ist es hilfreich, einzelne Gesten mehrfach zu wiederholen. Vor allem die übertriebene Steigerung führt schnell dazu, dass die Bewegungen durch Geräusche unterstützt werden. Fortgeschrittene „Gestikulierer" können auch eine einmal begonnene Geste in eine andere abwandeln. So kann z.B. aus einem übertriebenen Vogelzeigen ein Kopfkratzen oder aus einem verkleinerten Winken ein abwägendes Handdrehen werden.

Anschließend gehen die Kinder in Gruppen zu fünft oder sechst zusammen und einigen sich jeweils auf zwei Gesten zu einem vorgegebenen Thema, die durch ein Geräusch unterstützt werden. Mögliche Themengebiete sind z.B. Hitparade, Profifußball oder Straßenverkehr. Die Kinder versuchen, ihre Gesten zugleich auszuführen.

Alltagsgesten

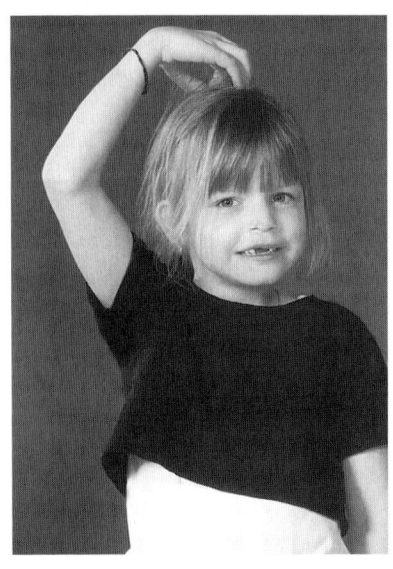

Sportlich, sportlich!

Die Kinder gehen zu zweit oder dritt zusammen und einigen sich auf eine Sportart, z.B. Tennis, Basketball oder Golf. Zunächst probieren sie aus, wie man ihren Sport pantomimisch, d.h. ohne Sportgeräte, darstellen kann.

Anschließend versuchen sie, die Sportart in Zeitlupe auszuführen. Dabei entwickeln sich schnell typische Szenen wie Jubel, Wettkampf oder Foulspiel.

In einem weiteren Schritt entwickeln die Kinder einen festgelegten Ablauf, den sie beliebig oft wiederholen können. Ein möglicher Ablauf umfasst z.B. einen Aufschlag und anschließenden Return im Tennis. Dieser Ablauf kann in normalem Tempo, in Zeitlupe (ganz langsam) oder Zeitraffer (ganz schnell), mit Standbildern und für Fortgeschrittene auch rückwärts ausprobiert werden.

Wichtig ist, dass der Ablauf kurz und einfach ist, sodass er möglichst identisch wiederholt werden kann. Die Wirkung entsteht aus dem Spiel mit unterschiedlichen Geschwindigkeiten. Abschließend kann eine Szene zum „Foul des Monats" entwickelt werden.

Telefonieren

Die Kinder gehen kreuz und quer durch die Halle. Plötzlich klingelt irgendwo ein Telefon. Alle beginnen hektisch zu suchen, aber keiner findet es. Nachdem die Kinder in allen Ecken nachgeschaut haben, suchen sie bei ihren Mitspielern und beginnen schließlich, einzelne Körperteile der anderen so umzufunktionieren, dass man mit ihnen telefonieren kann. So wird z.B. ein Fuß zum Telefonhörer oder ein Rücken zur Tastatur.

Das Telefonspiel kann anschließend in zwei Gruppen gespielt werden; die eine Gruppe befindet sich in der Mitte der Halle und stellt die Telefone dar, die andere Hälfte probiert aus, wie die Telefone funktionieren. In einem weiteren Schritt gehen die Kinder zu dritt oder viert zusammen und bauen ein überdimensionales Telefon aus Menschen. Ein Kind könnte z.B. der Hörer sein, ein zweites spielt die Gabel und das dritte Kind baut sich als Wählscheibe in das Telefon mit ein.

Gestaltungsmöglichkeiten

Supermarkt

Zur Einstimmung wird *Obstfangen* gespielt. Danach gehen die Kinder mit ihrer Übungsleiterin zum *Einkaufen* in den Supermarkt. Als Kunden flitzen sie mit ihren Einkaufswagen durch die Gänge, als Coladosen, Kekspackungen oder Paprikaschoten warten sie im Regal darauf, gekauft zu werden.

Etwas komplizierter wird es, wenn mehrere Kinder zusammen ein Lebensmittel darstellen sollen, z.B. einen Zweierpack Joghurt, drei Käseecken oder vier Weintrauben an einem Strunk. Am Ende werden alle Lebensmittel auf ein großes Förderband (Mattenbahn) gelegt und rollen zur Kasse.

Oder die Kinder kommen als Erdbeeren, Schokoriegel, Milchtüten usw. in eine riesige (imaginäre) Einkaufstüte, die immer voller und voller wird, bis sie schließlich platzt und alle Gegenstände auf den Boden purzeln.

Zwei Äpfel und zwei Bananen   *Vier Weintrauben an einem Strunk*

Kleine Gesten – große Wirkung

Mit dem *Affentheater* oder dem Umsetzen von *Redensarten* stimmen sich die Kinder auf das Spiel mit Gesten ein. Im Folgenden probieren sie unterschiedliche Wirkungen von *Alltagsgesten* aus und verfremden sie. Der Übergang zur Spielaufgabe wird mit dem Festlegen von zwei Gesten in Kleingruppen geschaffen. Lustig ist es oft, Gesten aus unterschiedlichen Themengebieten miteinander zu kombinieren, z.B. Tante Emmas Teestunde und Onkel Antons Autowerkstatt. Die Gruppen stellen sich dafür gegenüber auf und präsentieren ihre Gesten und Geräusche im Wechsel.

Anschließend gehen die Kinder in Dreier- oder Vierergruppen zusammen und entwickeln eine Spielszene, in der verschiedene Typen miteinander wetteifern. Jeder Typ hat eine eigene Geste, die er je nach Bedarf klein oder groß, einfach oder mehrfach einsetzen kann. Mögliche Spielsituationen sind z.B. ein Vorspiel in der Musikschule, ein Leichtathletikwettkampf im Sportverein oder ein Vorlesewettbewerb in der Schule.

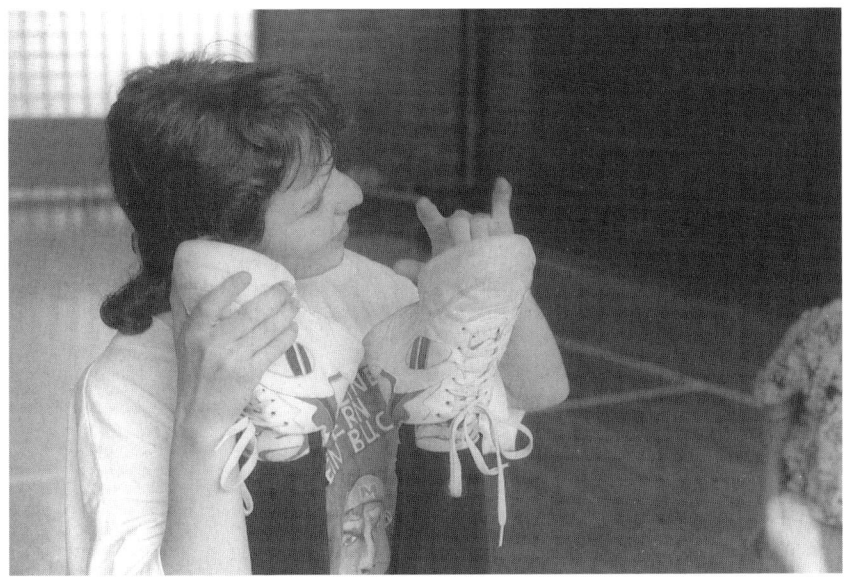

Telekommunikation

Telekommunikation

Die Stunde beginnt mit dem Spiel *Gestörte Leitung*. Beim anschließenden *Telefonieren* geht's rund; unterschiedlichste Telefone werden gesucht und gefunden, entwickelt und ausprobiert.

Nachdem verschiedene Elemente der Telekommunikation gesammelt wurden, gehen die Kinder zu viert oder fünft zusammen und entwickeln eine Spielszene zum Telefonieren.

Ein mögliches Thema könnte z.B. sein, dass zwei Leute miteinander telefonieren wollen, während die anderen Kinder die „Leitung" darstellen. Natürlich kommt das Telefongespräch nicht so zustande, wie es normalerweise üblich ist. Auch modernste Kommunikationsmittel wie Anrufbeantworter, Handy oder ISDN-Anschluss vermögen es nicht, die Kommunikationsprobleme zu lösen. Da antwortet z.B. der Anrufbeantworter nur, wenn er Lust hat, das Handy versteckt sich in der Badewanne und der ISDN-Anschluss verknotet sich dermaßen, dass man doch wieder Briefe schreiben muss.

Beobachtungsschwerpunkte/Hilfen

- Alltagtätigkeiten aufgreifen und in Bewegungsaufgaben „übersetzen".
- Aktuelle Themen aus dem Lebensalltag der Kinder nutzen.
- Den Alltag ruhig einmal auf den Kopf stellen - im Spiel ist nichts verboten.
- Der Wechsel der Perspektive, z.B. das Hineinversetzen in Gegenstände, bietet vielfältige Spielmöglichkeiten.
- Bewegungsabläufe begrenzen und klar strukturieren.
- Geräusche unterstützen Bewegungs- und Spielhandlungen.
- Die Spielspannung auch bei alltäglichen Handlungen durchhalten (nicht „privat" spielen).
- Ungewöhnliche Blickwinkel oder Lösungen von Alltagsproblemen in der Auswertung ansprechen.

Stundenbeispiel
„Wenn die Wäsche Leine zieht ..." – Spielen mit einer Alltagstätigkeit

Das Wäschewaschen gehört zu den täglichen Arbeiten in jedem Haushalt. Gerade kleine Kinder verfolgen die einzelnen Tätigkeiten vom Einschalten der Waschmaschine bis zur sauberen Wäsche im Schrank oft sehr aufmerksam. Aber was passiert eigentlich im Inneren einer Waschmaschine? Wie fühlt sich die Wäsche nach dem Schleudern? Und was geschieht, wenn es der Wäsche auf der Leine zu langweilig wird?

Das Stundenbeispiel beginnt mit dem *Wäsche sortieren*, indem die Kinder je nach Vorgabe unterschiedliche „Wäschehaufen" bilden. Anschließend werden verschiedene Spielideen rund ums *Wäsche waschen* ausprobiert. Zuerst bauen die Kinder eine Waschmaschine nach ihren Vorstellungen, dann werden sie selbst zu Wäschestücken im Inneren einer Waschmaschine und schließlich werden sie zum Trocknen auf die Leine gehängt.

Phase/Zeit	Gedanken/ Absichten	Inhalt/Lern- und Organisationsformen	Materialien/ Medien
Einstimmung 10 min	Aufwärmen; Kooperation in Kleingruppen; Berührungsängste abbauen	*Wäsche sortieren* • Freies Laufen durch die Halle • Bildung von Kleingruppen nach Wäschefarben	Musikbox, *Dolphin Dance* (Tangerine Dream)
Vorbereitung 30 min	Ausprobieren unterschiedlicher Spielideen; Sammeln von Bewegungserfahrungen	*Wäsche waschen* • Zu 4./5.: Bau einer Waschmaschine • Alle: Wäsche in der Waschmaschine • Zu 4./5.: Wäsche auf der Leine	Handtrommel o.ä.
Variation 10 min	Kennenlernen eines musikalischen Zugangs; Abwechslung	*Waschsong* • Entwickeln eines mehrstimmigen Chors zum Waschen	./.
Spielaufgabe 10 min	Entwickeln einer Spielidee; Zusammenarbeit in der Gruppe	*Wenn die Wäsche Leine zieht* • Zu 4./5.: Entwickeln einer Spielszene im Waschsalon • Verbindung der bisherigen Elemente	./.
Präsentation 15 min	Zeigen der Spielszenen; Reflexion	*Vorspielen und Besprechen* • Präsentation der Ergebnisse mit anschließender Auswertung	./.

Eine andere Zugangsmöglichkeit wird im Folgenden mit dem *Waschsong* ausprobiert. Die Übungsleiterin teilt die Gruppe in drei oder vier Kleingruppen, die jeweils typische „Waschlaute" produzieren. So könnte z.B. eine Gruppe „Wischiwaschi", die nächste „Schschsch-tata" und eine dritte „Sauber, sauber, sauber – weiß!" intonieren. Die Gruppen singen in einem „Chor" zusammen, der von der Übungsleiterin dirigiert wird. Mal singt nur eine Gruppe, mal singen alle zusammen, mal sind die Geräusche ganz leise, dann wieder werden sie immer lauter.

Nach dieser rhythmischen Erholungsphase wird die Spielaufgabe *Wenn die Wäsche Leine zieht* gestellt. Auf der Grundlage ihrer bisherigen Spielerfahrungen entwickeln die Kinder eine Szene, in der das Thema Wäschewaschen aus ihrer Sicht dargestellt wird. Abschließend werden die Ergebnisse vorgespielt und ausgewertet.

5.2 Spielideen und Handlungsthemen

In diesem Kapitel geht es um Bewegungs-, Spiel- und Ausdrucksmöglichkeiten, die sich auf Fantasiewelten oder abstrakte Handlungsthemen beziehen. Dazu gehört das Spiel als Fabelwesen, wie z.B. als Zwerge, Monster oder Außerirdische, das Spiel mit imaginären Gegenständen, wie z.B. mit Siebenmeilenstiefeln, Unter-Wasser-Fahrrädern oder Raumschiffen und das Spiel an fantastischen Orten, wie z.B. im Zauberwald, unter Wasser oder auf dem Mars.

Daneben können Handlungsthemen wie „Drunter und Drüber", „Rund und Eckig" oder „Voneinander weg und aufeinander zu" aufgegriffen werden. Besondere Verknüpfungsmöglichkeiten bestehen mit den Themen *Spannung und Entspannung* (vgl. Kap. 5.3), *Gerätearrangements und Bewegungslandschaften* (vgl. Kap. 5.6) sowie *Musik und Tanz* (vgl. Kap. 5.8). Weiterführende Hinweise zur Arbeit mit Spiel- und Handlungsthemen finden sich u.a. bei HARRISON/LAYTON/MORRIS 1991, HASELBACH 1993 und TIEDT 1995b.

Einstiegsmöglichkeiten

Verzaubern

Als Zauberin oder Hexe verwandelt die Übungsleiterin die Kinder in fantasievolle, bewegungsfreudige Wesen, wie z.B. Rutschriesen, Matschmonster, Zappelzwerge, Hüpfheinzel, Trampeltrolle oder Schleichschlümpfe.

Am besten zaubert sie mit einem echten Zauberspruch, wie z.B. „Krötendreck und Entenbein – ihr sollt Humpelhexen sein!" Die Fortbewegung der Wesen kann mit einer Handtrommel o.ä. begleitet werden. Eine andere Möglichkeit ist das Verzaubern in Tiere mit charakteristischen Fortbewegungsarten, wie z.B. Hasen, Frösche oder Pferde. Interessant ist auch die

Verknüpfung der Tiere mit bestimmten Eigenschaften, wie z.B. müde Hasen, fröhliche Frösche oder wütende Pferde. Bei größeren Kindern kann die Übungsleiterin die Rolle der Zauberin an ein Kind abgeben.

Fischer, Fischer, wie tief ist das Wasser?

Bei diesem bekannten Fangspiel stehen sich ein freiwilliger Fischer und der Rest der Gruppe jeweils an den Stirnseiten der Halle gegenüber. Die Gruppe ruft: „Fischer, Fischer, wie tief ist das Wasser?" Der Fischer denkt sich eine Wassertiefe aus und antwortet z.B.: „Zehntausend Meter!" Die Gruppe fragt: „Und wie kommen wir rüber?", woraufhin sich der Fischer eine Fortbewegungsart ausdenkt und z.B. antwortet: „Rückwärts laufen!"

Anschließend laufen alle Kinder – auch der Fischer – rückwärts los und der Fischer versucht, möglichst viele Kinder zu fangen. Die anderen Kinder versuchen, die gegenüberliegende Seite zu erreichen, ohne abgeschlagen zu werden. Alle gefangenen Kinder verstärken das Team des Fischers in der nächsten Runde, das dadurch immer größer wird.

Ein Reiz des Spiels liegt im Wechsel der Fortbewegungsart. Während der Fischer zu Beginn des Spiels übliche Fortbewegungsarten, wie Gehen, Laufen oder Hüpfen, wählt, können die Wahlmöglichkeiten später eingeschränkt werden. So könnte der Fischer z.B. nur Bewegungsarten aus dem Wasser, wie Kraulschwimmen, Schweben oder Tauchen, vorgeben.

Der eine, die andere

Die Kinder hüpfen auf Ansage der Übungsleiterin zu einer anregenden Musik durch die Halle. Variationsmöglichkeiten des Hüpfens sind z.B. vorwärts, rückwärts, seitwärts hüpfen, mit Armeinsatz oder ohne hüpfen, am Platz oder mit großen, raumgreifenden Schritten hüpfen.

Wenn die Musik stoppt, finden sich jeweils zwei Kinder zusammen und stellen spontan ein vorgegebenes Begriffspaar dar, z.B.: „Der eine ist eine Tasse, die andere ist ein Kaffeelöffel." Grundsätzlich sind alle Darstellungsarten erlaubt – die Übungsleiterin sollte sogar ab und zu verschiedene Lösungsmöglichkeiten herausstellen, damit die Kinder vielfältige Anregungen bekommen.

Mögliche Begriffspaare sind z.B. Tisch und Stuhl, Topf und Deckel, Blume und Blumentopf, Butter und Butterdose, Badewanne und Dusche, Nadel und Faden, Schere und Nagelfeile, Legostein *und* Legostein oder Bonbon und Bonbonpapier.

Der eine ist eine Nadel, der andere ein Faden.

Der eine ist die Butter, die andere die Butterdose.

Die Außerirdischen

Die Kinder bewegen sich nach Vorgabe der Übungsleiterin mit unterschiedlichen Fortbewegungsarten durch die Halle.

Fortbewegungsarten können z.B. sein: Gehen, Laufen, Hüpfen, Springen, Krabbeln, Kriechen, Rollen, Hinken usw. Wenn die Musik stoppt, finden sich die Kinder auf Ansage in Kleingruppen zusammen, die gemeinsam ein „außerirdisches" Wesen bilden sollen, das z.B. nur drei Hände und vier Füße am Boden haben soll.

Die Lösung erfordert meist etwas Zeit, weil sich die Kinder untereinander genau abstimmen müssen. Andere Aufgaben sind z.B. Wesen, die zwei Hände, zwei Füße, eine Stirn und einen

Die Außerirdischen

Po oder eine Hand, zwei Füße und vier Knie am Boden haben. Auch die Größe der Gruppen kann variiert werden; von zwei Kindern bis zur gesamten Gruppe, die ein gemeinsames Weltraumwesen bildet, sind alle Variationen möglich. Besonders gelungen ist ein Wesen, wenn es sich als Ganzes fortbewegen kann.

Atomspiel

Die Kinder bewegen sich als Atome zu einer anregenden Musik durch den Raum. Wenn die Musik stoppt, finden sie sich zu „Molekülen" zusammen, die aus zwei, drei, vier oder mehreren „Atomen" bestehen. Die Moleküle müssen miteinander verbunden sein und sollen bestimmte Eigenschaften haben, z.B. möglichst klein, groß, flach, hoch, dünn, dick, rund, eckig usw. Je größer die Moleküle sind, umso schwieriger ist die Abstimmung untereinander.

Auch die abstrakte Vorstellung von Molekülformen kann zu Problemen führen, weshalb sich das Spiel eher für größere Kinder eignet. Spannend ist ein Wettkampf zwischen den Kleingruppen um das kleinste, dickste oder eckigste Molekül. Fortgeschrittene Moleküle können auch durcheinander hindurchgehen oder miteinander verschmelzen.

Vertiefungsmöglichkeiten

Im Zauberwald

Im Zauberwald wohnen merkwürdige Wesen. Man sieht sie fast nie und doch sind sie den ganzen Tag unterwegs und lösen schwierige Aufgaben. Die Kinder gehen in Kleingruppen zusammen und versuchen, z.B. als Zwerge über eine Mauer zu klettern, als Monster über einen Graben zu gelangen oder als Elfen unter einem Zaun hindurchzukriechen.

Die Hindernisse können in der Vorstellung vorhanden sein. Gerade bei kleinen Kindern ist es aber hilfreich, reale Hindernisse aufzubauen, z.B. einen Kasten als Mauer, zwei oder drei Turnmatten als Graben oder eine Bank als Zaun.

Fortgeschrittene Zauberwesen können auch schwierigere darstellerische Aufgaben bekommen, z.B. Trolle, die miteinander wetteifern, wer am schiefsten hüpfen kann oder Gespenster, die durch ein dunkles Schloss schleichen, aber keines will das Erste sein.

Drunter und Drüber

Die Kinder gehen zu zweit zusammen und erfinden „Löcher", d.h. der eine macht mit seinem Körper ein Loch und die andere kriecht hindurch. Einfache Löcher entstehen z.B., wenn man sich so hinstellt, dass die Partnerin durch die Beine kriechen kann oder wenn man mit den Armen einen Kreis bildet, durch den die Partnerin hindurchsteigen kann. Auch Löcher mit Hilfe der Wand oder anderer Gegenstände sind möglich.

In einem zweiten Schritt erfinden die Kinder „Hindernisse", d.h. der eine bildet mit seinem Körper ein Hindernis, das die andere überqueren kann. Einfache Hindernisse entstehen z.B., wenn man sich so hinhockt, dass die Partnerin drüberspringen kann oder wenn man sich in der Bankstellung von der Partnerin „überklettern" lässt.

In größeren Gruppen kann anschließend Bockspringen und Durch-die-Beine-kriechen im fließenden Wechsel probiert werden. Eine andere Möglichkeit besteht darin, zu mehreren einen Tunnel zu bilden, durch den einer hindurchkriecht, wobei auch hier ein fließender Wechsel von Kriechen und Stehen stattfinden kann.

Unter Wasser

Unter Wasser bewegt man sich fast schwerelos. Die Kinder probieren in einem ersten Schritt aus, wie man so tun kann, als wäre man unter Wasser. Die Bewegungen werden am besten von einer sphärischen „Unter-Wasser-Musik" begleitet.

Anschließend gehen die Kinder in Gruppen zu viert oder fünf zusammen und spielen ein Picknick unter Wasser. Dazu kann z.B. gehören: spazieren gehen, Fahrrad fahren, Kuchen essen, Kakao trinken, Federball spielen, Blaubeeren sammeln – alles natürlich „schwerelos" und in Zeitlupe.

In einer weiteren Spielaufgabe gehen die Kinder auf Schatzsuche unter Wasser. Je nach Abenteuerlust können

auch professionelle Taucherteams auf die Reise geschickt werden. Spannend wird es, wenn sich die „Profis" nur mit Hilfe einer Zeichensprache verständigen (weil die Funkverbindung in großer Wassertiefe unterbrochen ist!). Die Schatzsuche kann auch gut in einer Bewegungslandschaft gespielt werden.

Auf dem Mars

Die Kinder gehen zu zweit oder dritt zusammen und entwickeln auf Ansage der Übungsleiterin verschiedene Weltraumwesen, z.B. ein Geschöpf mit zwei Köpfen und zwei Beinen, mit drei Pos, drei Beinen und einem Arm oder mit einem Kopf, drei Armen und fünf Beinen. Die Kinder versuchen, die Lebewesen so darzustellen, dass sie sich gut fortbewegen können.

Anschließend wird die „marsianische" Fortbewegung in Wettläufen oder Staffeln erprobt. Das Gewinnen ist dabei allerdings zweitrangig, wichtiger ist das Ausprobieren und gegebenenfalls das Verändern der Weltraumwesen, sodass sie sich fortbewegen können. In einem weiteren Schritt entwickeln die Lebewesen eine eigene Sprache, z.B. die I-, O- oder U-Sprache. *Munschun vurstuhun duusu Spruchu nucht ...* – aber zum Glück können sich die „Marsianer" mit etwas Übung gut verständigen!

Formen in Bewegung

Die Kinder gehen zu einer Bewegungsbegleitung durch die Halle. Wenn die Bewegungsbegleitung stoppt, bilden sie auf Ansage der Übungsleiterin mit ihrem Körper spontan bestimmte Formen, z.B. gerade, schief, rund, eckig, schmal, breit, symmetrisch, asymmetrisch. Auf ein Signal können diese Formen jeweils noch einmal verstärkt werden, um sie deutlicher zu machen.

Anschließend gehen die Kinder zu zweit zusammen und probieren verschiedene Formen in der Fortbewegung aus, z.B. schief, rund oder asymmetrisch gehen. Die Übungsleiterin gibt einen Grundschlag vor (1-2-3-4, 1-2-3-4 ...), so dass sich die Kinder genau im Metrum bewegen.

In einem weiteren Schritt einigen sich die Kinder jeweils auf zwei Formen, die sie im Wechsel einnehmen. So bewegen sie sich z.B. vier Schläge als schiefe Formen und vier Schläge als eckige Formen. Abschließend einigt sich die gesamte Gruppe auf zwei Formen, die alle Kinder im Wechsel einnehmen, und bewegt sich zur Bewegungsbegleitung gemeinsam durch die Halle.

Formen in Bewegung

Monster springen über einen Graben.

Gestaltungsmöglichkeiten

Mitternacht im Zauberwald

Die Stunde beginnt mit dem *Verzaubern*. Anschließend lösen die Kinder als Wesen *im Zauberwald* verschiedene Aufgaben. Schließlich treffen sich die Zwerge, Feen, Monster, Trolle, Gespenster und Hexen zu einer Mitternachtsparty auf einer Lichtung im Zauberwald.

Zunächst setzen sich alle im Kreis auf den „Waldboden" und berichten von ihren Abenteuern im Zauberwald. Allerdings sprechen alle Zauberwesen unterschiedliche Sprachen, sodass sie den anderen vorspielen müssen, was sie erlebt haben: Die Zwerge zeigen, wie sie die Mauer überwunden haben, die Monster, wie sie über den Graben gekommen sind, die Elfen, wie sie unter dem Zaun hindurchgekrochen sind.

Die anderen Zauberwesen klatschen jeweils, wenn eine Gruppe fertig ist. Zum Abschluss tanzen alle Wesen zu einer „zauberhaften" Musik um das Lagerfeuer, das in der Mitte der Lichtung „brennt".

Expedition auf den Mars

Nachdem die *Außerirdischen* zunächst in Kleingruppen aufgetaucht sind, lernen sie anschließend, wie man sich *auf dem Mars* fortbewegen und verständigen kann. Nun besuchen „Erdlinge" den roten Planeten, um ferne Welten zu erforschen. In einem ersten Schritt wird die Gruppe zweigeteilt:

Die einen spielen die Marsmenschen, die anderen die Astronauten, die aus ihrem Raumschiff steigen und versuchen, Kontakt mit den Außerirdischen aufzunehmen. Im Expeditionsteam gibt es verschiedene Experten, z.B. die Kamerafrau, den Sprachwissenschaftler, die Geologin oder den Arzt.

Im Folgenden wird die *Expedition auf den Mars* als Spielaufgabe gestellt. Vier bis sechs Kinder gehen zusammen und entwickeln eine Szene, in der sich Astronauten und Marsianer begegnen. Wie bewegen sie sich? Wie verständigen sie sich? Wie geht die Geschichte aus?

Rund und Eckig

Nachdem sich die Kinder im *Atomspiel* und bei den *Formen in Bewegung* bereits mit Körperformen beschäftigt haben, wird eine erste Spielaufgabe gestellt: „Rund" befindet sich in der Halle und „Eckig" kommt dazu – was passiert?

Die eine Hälfte der Kinder steht oder sitzt als runde Figuren in der Mitte des Raums, während die anderen Kinder „eckig" dazukommen. Eine atmosphärische Musik unterstützt die Bewegungsimprovisation.

Anschließend wird die Aufgabe umgedreht, d.h. „Eckig" befindet sich im Raum und „Rund" kommt dazu. Vielleicht entwickelt sich daraus ein ganz anderes Spiel? Die Erlebnisse mit „Rund" und „Eckig" sollten besprochen werden, weil dabei ganz unterschiedliche Bilder entstehen können.

Danach werden Spielszenen entwickelt, die auch konkrete Themen beinhalten können, z.B. Gräser wiegen sich „rund" im Wind, während ein „eckiger" Rasenmäher kommt; weiche Nebelschwaden streichen „rund" über einen harten, „eckigen" Felsen; oder: Ein „eckiger" Typ betritt eine Straßenbahn, in der nur „runde" Typen sitzen.

„Rund" und „Eckig"

Beobachtungsschwerpunkte/Hilfen

- Spielidee in Bewegungsmöglichkeiten „übersetzen".
- Unkonventionelle Aufgaben stellen – Fabelwesen bewegen sich nicht wie Menschen.
- Kooperative Aufgaben stellen – Fabelwesen miteinander in Kontakt bringen.
- Bewegungsqualitäten bewusst machen, z.B. schwerelos, eckig oder schnell.
- Originelle Bewegungs- und Spielmöglichkeiten einzelner Kinder als Beispiel herausstellen.
- Imaginäre Räume und Gegenstände „real" machen – Geräte in das Spiel einbeziehen.
- Geräusche verdeutlichen Orte und Gegenstände, Fabelwesen „sprechen" ungewöhnlich.
- Musik schafft Atmosphäre(n).

Stundenbeispiel

„Wie bei Hempels unterm Sofa!?" – Spielen mit einer Spielidee

Bleistifte, Legosteine, Bonbonpapier, Taschentücher, Staubflusen – alles Mögliche liegt bei Hempels unterm Sofa. Wenn man einmal genauer hinschaut, sieht man auch ganz unterschiedliche Lebewesen, die hier wohnen: Mäuse, die mit dem Bonbonpapier spielen, Zwerge, die die Legosteine schleppen oder Heinzelmännchen, die den Staub zusammenfegen. Und natürlich geht dabei alles drunter und drüber – wie bei Hempels unterm Sofa eben!

Das Stundenbeispiel beginnt mit dem Spiel *Der eine, die andere,* in dem die Kinder spontan verschiedene Gegenstände darstellen. Anschließend wird mit Bewegungsmöglichkeiten zum *Drunter und Drüber* experimentiert, wobei die Auseinandersetzung zunächst auf der Bewegungsebene bleibt.

Im folgenden Schritt werden die Darstellungsmöglichkeiten mit der Frage *Was liegt unter Hempels Sofa?* hinzugenommen.

Die Kinder stellen drei Gegenstände dar, die unter Hempels Sofa liegen und die sie im fließenden Wechsel über- oder unterqueren sollen. Schließlich wird eine Spielszene entwickelt – *wie bei Hempels unterm Sofa!?*

Bei Hempels unterm Sofa, siehe auch nächste Seite

Phase/Zeit	Gedanken/ Absichten	Inhalt/Lern- und Organisationsformen	Materialien/ Medien
Einstim- mung 10 min	Aufwärmen; Darstellungs- ideen sam- meln	*Der eine, die andere* • Freies Bewegen im Raum • Bei Musikstopp Darstel- lungsaufgaben zu zweit	Musikbox, *Up in room 4* (Best of Laurel • & Hardy)
Vorberei- tung 20 min	Experimentie- ren mit Bewe- gungsmöglich- keiten; Sam- meln von Bewe- gungsideen	*Drunter und Drüber* • Zu 2.: Bewegungsaufgaben zum Durchkriechen und Drübersteigen • Zu 4./5.: Verbindung von mehreren Elementen	./.
Variation 10 min	Kombination von Bewe- gungselemen- ten; Verbin- dung mit Dar- stellungsideen; Kooperation	*Was liegt unter Hempels Sofa?* • Zu 3.:Verbindung von drei Gegenständen, die unter Hempels Sofa liegen und die fließend überwunden werden	./.
Spielauf- gabe 10 min	Entwickeln ei- ner Spielidee; Zusammenar- beit in der Gruppe	*Wie bei Hempels unterm Sofa?* • Zu 4.: Entwickeln einer Spielszene unter Hempels Sofa • Einbezug der Spielfunktionen	./.
Präsentation 10 min	Zeigen der Spielszenen; Reflexion	*Vorspielen und Besprechen* • Präsentation der Ergeb- nisse mit anschließender Auswertung	./.

Die Ergebnisse werden abschließend vorgespielt und ausgewertet. Eine Variante mit kleinen Kindern besteht darin, dass am Ende der Stunde keine
Spielszene entwickelt wird, sondern dass man die Gruppe zweiteilt, wobei
die einen die Gegenstände unter Hempels Sofa darstellen, während die anderen als Mäuse, Zwerge oder Heinzelmännchen ausprobieren, was man
mit diesen Gegenständen alles anfangen kann. Die Rollen werden natürlich
gewechselt.

5.3 Spannung und Entspannung

In diesem Kapitel geht es um Bewegungs-, Spiel- und Ausdrucksmöglichkeiten mit besonderem Bezug zur Körperspannung. Dazu gehören Spielformen zur Anspannung, wie z.B. das „Einfrieren" aus der Pantomime, der „Adler" aus dem Abenteuersport oder der Handstand aus dem Turnen, Spielformen zur Entspannung, wie z.B. Fantasiereisen, Massageformen oder Spiele zur Sinneswahrnehmung und Spielformen zum dynamischen Wechsel von Spannung und Entspannung, wie z.B. Anpassungsspiele mit einem Partner, Formen des Balancierens oder Improvisationen mit Musik.

Besondere Verknüpfungsmöglichkeiten bestehen mit den Themen *Spielideen und Handlungsthemen* (vgl. Kap. 5.2), *Partner und Gruppe* (vgl. Kap. 5.4) sowie *Bewegungs- und Darstellungstechniken* (vgl. Kap. 5.7). Weiterführende Hinweise zur Arbeit mit Spannung und Entspannung finden sich u.a. bei PIRNAY 1993, WEIß 1994 und NEUBER 1999c.

Einstiegsmöglichkeiten

Eisteufel

Ein oder zwei Eisteufel versuchen, die anderen Kinder abzuschlagen und sie damit in einen starren Eisklotz zu verwandeln. Die gefangenen Kinder „frieren" an Ort und Stelle ein. Sie können durch zwei Mitspieler befreit werden, indem diese sich die Hände reichen, den Eisklotz gemeinsam umarmen und laut „Warm, warm, warm" rufen. Der Eisklotz taut umgehend auf und kann wieder mitspielen.

Das Auftauen kann auch als Partnerübung ausprobiert werden: Der eine wird zu Eis, d.h., er spannt den gesamten Körper an, während die andere nacheinander verschiedene Körperteile berührt, die dann „schmelzen", d.h., in denen die Spannung langsam zurückgenommen wird.

Ochs' am Berge

Bei dieser bekannten Spielform – für die es unterschiedliche Namen gibt – steht ein freiwilliger „Ochse" mit dem Gesicht zur Wand an einer Stirnseite der Halle. Die übrigen Kinder stehen an der anderen Hallenseite. Während der Ochse „Ochs' am Berge – 1, 2, 3!" ruft, schleichen sich die Kinder leise an, bleiben aber regungslos stehen, sobald sich der Ochse nach seinem

Spruch umdreht. Der Ochse prüft genau, ob sich ein Kind bewegt. Wer die Spannung nicht durchhält und wackelt, wird drei Schritte zurückgeschickt.

Anschließend dreht sich der Ochse wieder um und ruft seinen Spruch, sodass die Kinder wieder ein Stück näher schleichen können. Wer die Wand, an der der Ochse steht, zuerst erreicht, wird der neue Ochse. Eine Variante besteht darin, dass der Ochse die Fortbewegungsart der übrigen Kinder bestimmen kann. Beim Krabbeln, Froschhüpfen oder Hinken ist das Anschleichen und Spannunghalten natürlich schwerer als beim Laufen.

Roboter
Die Kinder bewegen sich auf geraden Raumwegen als Roboter durch die Halle („Roboter können keine Kurven gehen!"). Die Bewegung kann durch eine anregende Musik, durch eine Bewegungsbegleitung auf einer Handtrommel oder durch Geräusche der Kinder selbst unterstützt werden. Wichtig ist, dass die „Roboterspannung" durchgehalten wird.

Anschließend gehen die Kinder zu zweit zusammen. Eine Ingenieurin steuert einen Roboter durch Berührungen (linke Schulter – links gehen, rechte Schulter – rechts gehen, Kopf – stehen bleiben) oder mit Hilfe einer „Fernbedienung", wobei die Partner akustische Signale vereinbaren.

Eine weitere Spielform betrifft das Steuern von zwei Robotern, die sich nur auf geraden Raumwegen bewegen dürfen, mit dem Ziel, dass sie sich treffen.

Das Steuern von zwei oder mehr Robotern bietet auch gute Spielmöglichkeiten, z.B.: Die Ingenieurin geht mit ihren Robotern im Park spazieren, plötzlich gehorchen sie nicht mehr.

Roboter

Fotograf und Modell

Die neue Herbstkollektion soll auf den Markt. Die Kinder gehen zu zweit zusammen: Ein Fotograf „knipst" sein Modell (pantomimisch) in den verschiedensten Positionen, wobei das Modell natürlich jeweils „einfriert", bis das Foto gemacht ist. Günstig ist es, wenn der Fotograf sein Modell aus unterschiedlichen Blickwinkeln, d.h. von oben, unten, hinten, vorne usw. aufnimmt und es dabei immer wieder anfeuert, ungewöhnliche Positionen einzunehmen.

Dasselbe Spiel wird anschließend zu viert durchgeführt. Dabei gibt es entweder drei Modelle, die Fotos zu einem vorgegebenen Thema darstellen, oder das Fototeam wird um eine Beleuchterin und einen Maskenbildner erweitert. Auch hier lebt das Spiel von den spontanen Einfällen der Kinder. Mögliche Fotothemen sind z.B. „Der Schulhof am Montagmorgen", „Eine typische Turnstunde" oder „Die Exklusivreportage vom Kinderspielplatz". Abschließend zeigt jede Gruppe den anderen ihr schönstes Foto.

Fußgängerzone

Die Kinder bewegen sich zu einer Bewegungsbegleitung durch die Halle. Hilfreich ist die Vorstellung, sich auf einem Spaziergang durch eine Fußgängerzone zu befinden, auf dem man verschiedenen Leuten begegnet.

Auf Ansage der Übungsleiterin nehmen die Kinder beim Gehen verschiedene Spannungs- bzw. Gefühlszustände ein, z.B. Gummimensch, Wackelzwerg, Nebelfee, Roboter, Karatekämpferin, Schattenboxer, schlapp/spannungslos, gestresst/angespannt, freudig/beschwingt, wütend/aggressiv, mutlos/traurig, aufrecht/mutig.

Wenn die Bewegungsbegleitung stoppt, werden die Kinder aufgefordert, sich ihre momentane Körperspannung und -haltung zu verdeutlichen und diese in der erneuten Bewegung noch einmal zu verstärken. Am Ende können sich die Kinder so bewegen, wie es ihrer momentanen Spannungs- bzw. Gefühlslage entspricht.

Vertiefungsmöglichkeiten

Luftballons und Fallschirme

Die Kinder gehen zu zweit zusammen. Der eine ist ein Luftballon, der schlaff am Boden liegt, die andere pustet ihn langsam auf, sodass er nach und nach immer voller und dicker wird.

Die Ballons können auch verschiedene Formen bekommen, z.B. rund, lang, dünn, dick. Außerdem kann man die Luft zwischendurch wieder aus dem Ballon herauslassen. Anschließend werden alle Kinder zu Luftballons und die Übungsleiterin erzählt eine Bewegungsgeschichte, in der die Luftballons aufgeblasen werden, durch die Halle hüpfen, vom Wind hin und her gepustet werden, hoch in die Luft fliegen und schließlich müde auf einer grünen Wiese landen.

Eine andere Möglichkeit besteht darin, dass die Kinder zu Fallschirmspringern werden, die gemeinsam aus einem Flugzeug springen und „in der Luft" (auf dem Boden liegend) verschiedene Formationen bilden, z.B. einen Kreis, eine lange Schlange oder ein Viereck. Anschließend öffnen sie ihre Fallschirme und schweben langsam zur Erde.

Starrköpfe, Schlappsäcke und Marionetten
Die Kinder gehen zu zweit zusammen. Zuerst legt sich einer – der Starrkopf – auf den Bauch und spannt sich so stark an, dass die andere ihn nicht von der Stelle bekommt. Hilfreich ist der Hinweis, dass der Starrkopf sich am Boden „festsaugen" soll.

 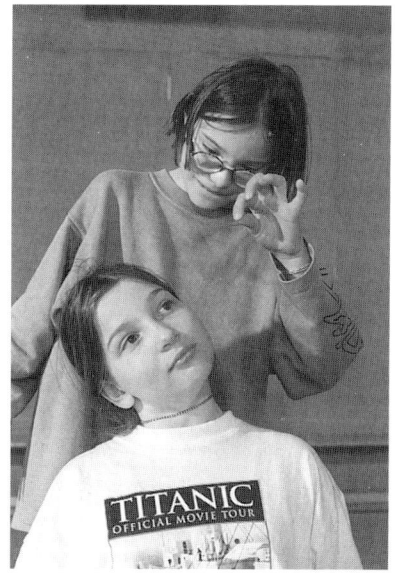

Marionetten

Anschließend legt er sich – als Schlappsack – auf den Rücken und versucht, sich ganz zu entspannen, sodass die Partnerin ihn leicht bewegen kann. Hier hilft der Hinweis, sich wie ein schlapper, nasser Sack bewegen zu lassen. Wichtig ist, dass die Partner immer Verantwortung füreinander übernehmen und darauf achten, dass sich der andere wohl fühlt und sich nicht wehtut.

Anschließend wird der eine zur Marionette und setzt sich auf den Boden. Die andere ist die Marionettenspielerin. Sie befestigt einen imaginären Faden an einem beliebigen Körperteil des anderen, sodass sie die Marionette dadurch bewegen kann. Die Marionette ist locker, aber nicht schlaff in den Gelenken. Mit der Zeit kann die Marionettenspielerin ihre Puppe auch aufstehen lassen, mit ihr durch die Halle gehen und andere Marionetten treffen.

Schaufensterpuppen

Die Kinder gehen zu zweit zusammen. Der eine ist eine Schaufensterpuppe, die von der anderen „plastisch" gestaltet wird. Die Puppe lässt sich bereitwillig verbiegen, d.h. sie ist nicht verspannt, sondern reagiert auf die Krafteinsätze der „Dekorateurin".

In einem zweiten Schritt kann die Puppe auch „aufgezogen" werden, sodass sie sich in einem bestimmten Gelenk bewegt. Oder die Puppen werden mit Hilfe einer (imaginären) Luftpumpe aufgepumpt und in die richtige Form gebracht. Eine Variante zu viert ist der „blinde Dekorateur": Zunächst bringt ein sehender Dekorateur eine Schaufensterpuppe in eine vom ihm gewünschte Position.

Anschließend versucht ein blinder Dekorateur, durch Abtasten der Puppe, die Körperhaltung möglichst genau herauszufinden, sodass er eine zweite Puppe möglichst genauso modellieren kann.

Eine Spielform in der Großgruppe ist die Dekoration eines

Schaufensterpuppe

ganzen Schaufensters: Die eine Hälfte der Gruppe spielt die Puppen, die andere Hälfte die Dekorateure. Als Aufgabe kann z.B. das Schaufenster der Sportabteilung, der Kinderabteilung oder der Wäscheabteilung gestaltet werden.

Stehaufmännchen, Adler & Co.

Viele Spielformen zur Körperspannung stammen aus der Gymnastik, dem Turnen, dem Abenteuersport oder der Akrobatik. So sind Übungen zum Körperzusammenschluss, wie z.B. die Kerze, der Liegestütz oder die Bankstellung eine gute Vorbereitung auf das darstellende Spiel mit Spannung und Entspannung.

Beim „Stehaufmännchen" gehen die Kinder zu siebt oder acht zusammen und bilden einen engen Kreis. In der Mitte steht ein Kind, das sich komplett anspannt und in die Arme der anderen fallen lässt. Die anderen Kinder reichen das Stehaufmännchen vorsichtig im Kreis herum.

Beim „Adler" liegt ein Kind auf dem Bauch, streckt die Arme im rechten Winkel zur Seite und spannt den ganzen Körper an. Vier andere Kinder fassen den Adler an *Ober*armen und *Ober*schenkeln und heben ihn langsam hoch. Besonders spannend ist es, in der Halle eine Fluglandschaft aus Kästen und Matten aufzubauen, über die der Adler hinweggetragen wird. Voraussetzung für diese Spiele ist eine vertrauensvolle Atmosphäre, in der die Kinder Verantwortung füreinander übernehmen.

Maschinenfabrik

Die Kinder gehen zu dritt oder viert zusammen. Der Erste legt, setzt oder stellt sich als Teil einer Maschine auf und beginnt mit einer Maschinenbewegung, die er immer wieder ausführt. Am besten erfindet er auch gleich ein entsprechendes Geräusch dazu. Die anderen Kinder bauen sich als Teil in die Maschine mit ein. Die Maschine kann z.B. langsam oder schnell, laut oder leise arbeiten.

Anschließend kommen die Kinder in der gesamten Gruppe zusammen. Ein oder zwei „Ingenieure" bauen eine große Maschine aus allen Kindern. Die Ingenieure setzen die Maschine nach und nach zusammen, indem sie jedes „Maschinenteil" mit einer bestimmten Bewegung und einem passenden Geräusch versehen.

Fortgeschrittene Spieler können auch in der Großgruppe ohne Ingenieur arbeiten und die Maschine selbstständig zusammenbauen. In diesem Fall fängt einfach ein „Maschinenteil" an und die anderen setzen, stellen oder legen sich dazu.

Gestaltungsmöglichkeiten

Fluggeschichten

Nach einem Einstimmungsspiel, wie z.B. *Fußgängerzone,* gehen die Kinder zu zweit zusammen und probieren aus, wie man sich als *Luftballon* bewegt. Eine andere Einstiegsmöglichkeit besteht darin, mit „echten" Luftballons zu beginnen, die in der Luft gehalten werden sollen oder mit denen man tanzen kann.

Im Anschluss daran werden die Bewegungsqualitäten der Luftballons auf das darstellende Spiel übertragen und die Kinder werden selbst zu Ballons. Nach einer entsprechenden Bewegungsgeschichte bauen die Kinder aus Kästen, Bänken und Turnmatten ein großes Flugzeug und begeben sich gemeinsam auf eine Flugreise. Die Übungsleiterin kann mitfliegen und verschiedene Aktionen, wie z.B. Start und Landung, Kurvenflug, Gewitter über den Wolken oder Motorschaden im Dschungel anregen.

Anschließend legen die Kinder ihre *Fallschirme* an und springen aus dem Flugzeug ab. Nach einigen Luftformationen landen sie weich. Die Fallschirmspiele können gut mit einem „echten" Schwungtuch kombiniert werden, mit dem einige abschließende Spiele durchgeführt werden (z.B. Entspannung unterm Schwungtuch).

Schaufensterpuppen bei Nacht

Die Stunde beginnt mit dem Spiel *Ochs am Berge,* in dem bereits erste Erfahrungen mit der Körperspannung gesammelt werden. Anschließend experimentieren die Kinder mit *Starrköpfen, Schlappsäcken* und vielleicht auch mit *Marionetten,* um dann verschiedene Spielformen zu *Schaufensterpuppen* auszuprobieren. Die Dekoration eines Schaufensters in zwei Großgruppen ist eine gute Brücke zum selbstständigen Gestalten.

Anregende Spielaufgaben – besonders für Kinder! – setzen bei der Frage an: „Was passiert den Schaufensterpuppen bei Nacht?" Sie könnten z.B. eine Party feiern, einen Einbrecher in die Flucht schlagen oder einen Ausflug ins Freibad machen.

Schaufensterpuppen bei Nacht

Andere Spielaufgaben können Verkaufssituationen zum Thema haben, wobei die Puppen z.B. einen unfreundlichen Kunden ärgern, oder ein Schaufensterpuppen-Trainingslager anregen, in dem die Puppen das lange Stillstehen und Lächeln üben.

Erfindermesse

Erfindermesse

Einen guten Stundeneinstieg bieten Spiele mit *Robotern,* in denen nicht nur maschinelle Bewegungsqualitäten geübt, sondern auch erste Gestaltungsmöglichkeiten erprobt werden. Anschließend können Spiel- und Übungsformen zur Körperspannung aus dem Repertoire von *Stehaufmännchen, Adler & Co.* ausprobiert werden. In der *Maschinenfabrik* entwickeln die Kinder eigene Maschinen, die allerdings noch keine spezielle Funktion haben.

Erst in der anschließenden Spielaufgabe geht es darum, die Maschinen mit Inhalt zu „füllen", d.h. sie mit bestimmten Funktionen zu versehen. So kann z.B. eine „Milch-in-Flaschenfüll-Maschine", eine „Knetgummi-Stangen-roll-Maschine" oder eine „Keks-back-und-einpack-Maschine" erfunden werden. Beliebte Themen für größere Kinder sind auch eigenwillige Fitnessmaschinen, verrückte Kaffeeautomaten oder multifunktionale Möbelstücke.

Beobachtungsschwerpunkte/Hilfen

- Körperspannung bei Anspannungsspielen möglichst durchhalten.
- Bei Spielformen und Übungen mit hoher Anspannung nicht die Luft anhalten.
- Nach angespannten Phasen entspannende Übungen oder Spielformen zum Austoben anbieten.
- Der dynamische Wechsel von Anspannen und Entspannen, Halten und Lösen ist wichtig.

- Klare Signale erleichtern das Einfrieren und Auflösen (z.B. „und ... stopp!").
- Geräusche unterstützen die Spielhandlung.
- Musik schafft Atmosphäre für Partnerübungen.
- Den Zusammenhang von Stimmung und Körperspannung in der Auswertung ansprechen.

Stundenbeispiel „Die verflixten Urlaubsfotos!" – Spielen mit der Körperspannung

Urlaubsfotos sind immer so eine Sache für sich, vor allem wenn sie in stundenlangen Diaabenden gezeigt werden. Für das Bewegungstheater bieten sie vielfältige Möglichkeiten, weil sie mit wenig Aufwand durch das Einfrieren aus der Bewegung dargestellt werden können. Die Technik des Einfrierens („Freeze") trägt zur Verdeutlichung der Bilder bei, ist aber nicht Voraussetzung für das Gelingen der „Fotos".

Im Stundenbeispiel wird nach den einführenden Spielformen _Eisteufel_ und _Fotograf und Modell_ das Einfrieren geübt, um die Darstellung zu verbessern. Die Kinder bewegen sich auf Ansage der Übungsleiterin frei durch die Halle und frieren auf ihr Kommando schlagartig ein („und ... stopp!"). Dieselbe Spielform wird anschließend zu zweit ausprobiert, wobei sich die Kinder gegenseitig kontrollieren, ob sie die Spannung durchhalten.

Auf der anschließenden _Möbelmesse_ geht es darum, dass die Kinder alleine oder zu mehreren ausgefallene Möbelstücke darstellen, z.B. eine Werkbank mit eingebautem Colaautomaten oder einen Herd, mit dem man auch telefonieren kann.

Hilfreich ist die Vorgabe einer bestimmten Abteilung im Möbelhaus, z.B. den Hobbymarkt oder die Küchenabteilung. Die eine Hälfte der Gruppe stellt die Möbelstücke dar und die andere Hälfte probiert sie aus. Anschließend wird gewechselt. In der darauf folgenden Spielaufgabe entwickeln die Kinder in Gruppen zu fünft oder sechst drei _Urlaubsfotos_ und verknüpfen diese zu einer kleinen Geschichte.

Unter Umständen kann ein Kommentator die Fotos erklären und außerdem die Dias „an-" und „ausschalten", sodass die Darsteller wissen, wann sie einfrieren und wieder auflösen sollen („und ... klick!"). Die Ergebnisse werden abschließend gezeigt und ausgewertet.

Phase/Zeit	Gedanken/ Absichten	Inhalt/Lern- und Organisationsformen	Materialien/ Medien
Einstimmung 10 min	Aufwärmen; Stundenthema kennen lernen	*Eisteufel* • Fangspiel in der Großgruppe	./.
Vorbereitung 15 min	Spielerisches Einnehmen von Körperspannung; Sammeln von Spielideen; erste Präsentation	*Fotograf und Modell* • Zu 2.: Thema „Mode" • Zu 4.: Thema „Reportage vom Spielplatz" • Zeigen der jeweils besten Fotos	./.
Vorbereitung 15 min	Üben des Einfrierens und Auflösens; Konzentration und Intensität erleben	*Freeze* • In der Großgruppe auf Ansage • Zu 2.: Mit Kontrolle, mit Verändern, mit „Aufziehen" und Bewegen	evtl. Handtrommel
Variation 10 min	Durchhalten der Körperspannung; Entwickeln von Spielideen; Gruppenerlebnis	*Möbelmesse* • Zwei Gruppen im Wechsel • Themen: „Hobbymarkt" und „Kücheneinrichtungen"	./. ./.
Spielaufgabe 10 min	Entwickeln einer Spielidee; Zusammenarbeit in der Gruppe	*Die verflixten Urlaubsfotos* • Zu 5./6: Drei Fotos aus dem Urlaub entwickeln • Ein Kommentator erklärt dem Publikum die Fotos, „schaltet" sie ein und aus („und ... klick!")	./.
Präsentation 15 min	Zeigen der Spielszenen; Reflexion	*Vorspielen und Besprechen* • Präsentation der Ergebnisse mit anschließender Auswertung	./.

5.4 Partner und Gruppe

In diesem Kapitel geht es um Bewegungs-, Spiel- und Ausdrucksmöglichkeiten, die einen besonderen Bezug zu einem Partner bzw. einer Partnerin oder zu einer Gruppe haben. Dazu gehören Spielformen zur Kooperation mit einem Partner, wie z.B. Spiegelspiele, Schattenspiele oder Tanzimprovisationen, Spielformen zur Kooperation in Kleingruppen, wie z.B. Maschinenspiele, Darstellungsspiele oder gemeinsame Bewegungsabläufe und Spielformen zur Kooperation in Großgruppen, wie z.B. Begrüßungsspiele, Abstimmungsspiele oder Großgruppenimprovisationen.

Darüber hinaus können Kontakt- und Kooperationsspiele sowie Vertrauensspiele aufgegriffen werden. Besondere Verknüpfungsmöglichkeiten bestehen mit den Themen *Alltagsbewegungen und -tätigkeiten* (vgl. Kap. 5.1), *Spannung und Entspannung* (vgl. Kap. 5.3) sowie *Musik und Tanz* (vgl. Kap. 5.8). Weiterführende Hinweise zur Arbeit mit Partner und Gruppe finden sich u.a. bei ARBEITERWOHLFAHRT 1980, UNGERER-RÖHRICH u.a. 1990 und BEUDELS, LENSING-CONRADY/BEINS 1994.

Einstiegsmöglichkeiten

Schlafender Riese

In der Mitte der Halle schläft ein Riese. Auf seinem Bauch liegt ein wertvoller „Edelstein", z.B. ein Legostein oder ein Sandsäckchen. Die Zwerge wollen den Edelstein stehlen, ohne sich dabei von dem Riesen erwischen zu lassen. Das Kind, das den Riesen spielt, legt sich auf den Rücken, schließt die Augen und lauscht. Die anderen Kinder schleichen sich als Zwerge von allen Seiten leise an, bis irgendwann einer zugreift und mit dem Edelstein zur nächstgelegenen Wand läuft. Der Riese springt auf und versucht, möglichst viele Zwerge abzuschlagen, bevor sie die rettende Wand erreichen. Der Zwerg, der zuerst gefangen wird, ist der neue Riese. Das Spiel lebt davon, dass sich die Gruppe viel Zeit mit dem Anschleichen lässt und erst, wenn der Riese schon ungeduldig wird, zugreift.

Schattenlaufen

Die Kinder gehen zu zweit zusammen und laufen hintereinander kreuz und quer durch die Halle. Das hintere Kind folgt dem vorderen wie ein Schatten, d.h. es macht alle Bewegungen so weit wie möglich nach.

Schattenlaufen

Nach einer gewissen Zeit werden die Rollen gewechselt. Das Laufen kann durch eine Bewegungsbegleitung auf einer Handtrommel oder durch eine anregende Musik unterstützt werden.

In einem zweiten Schritt wird die Fortbewegungsart freigegeben. Das vordere Kind kann jetzt auch hüpfen, rückwärts gehen, krabbeln, rollen usw., während das hintere Kind die Bewegungen nachmacht. Schließlich gehen die Kinder zu viert zusammen; ein Kind hat jetzt drei Schatten. Die Abstimmung ist dabei schwieriger und erfordert große, klare Bewegungsvorgaben, damit die Schatten noch „mitkommen".

Guten Tag, Frau Meyer!

Die Kinder bewegen sich auf unterschiedlichen Raumwegen zu einer Musik durch die Halle. Die Übungsleiterin gibt jeweils einen Raumweg vor. Raumwege können z.B. sein: vorwärts, rückwärts, seitwärts, gerade, kurvig, durch die Mitte der Halle, an der Wand entlang usw. Wenn die Musik stoppt, begrüßen sich die Kinder auf Ansage in unterschiedlicher Art und Weise, z.B.

Guten Tag, Herr und Frau Meyer!

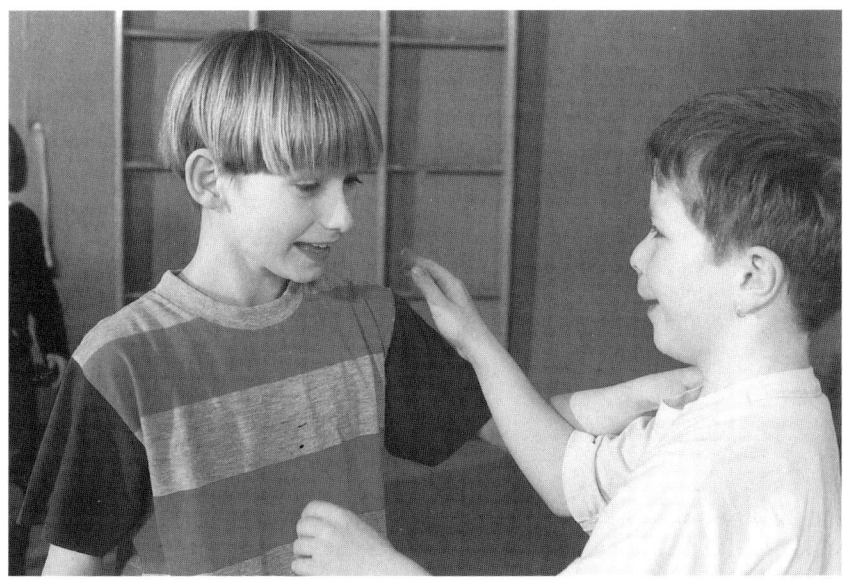

förmlich mit Nennung des Nachnamens, locker mit Nennung des Vornamens, vorsichtig mit gebührendem Abstand, hinterhältig mit Beinstellen, gelangweilt ohne Interesse, freundlich mit einem Kompliment, cool mit einer entsprechenden Handbewegung usw. Zwischen den Begrüßungen bekommen die Kinder jeweils eine neue Bewegungsanregung und die Musik setzt wieder ein.

Gehen-Stehen-Sitzen-Liegen

Die Kinder gehen zu einer anregenden Musik durch die Halle. Wenn die Musik stoppt, bleiben sie – je nach Anweisung der Übungsleiterin – schlagartig stehen, setzen sich oder legen sich auf den Boden. Nach einigen Durchgängen werden die Aufgaben schwieriger. So könnte eine Anweisung z.B. lauten, bei Musikstopp hintereinander zuerst zu stehen, dann zu sitzen und schließlich auf dem Bauch zu liegen. Wichtig ist nicht so sehr die Geschwindigkeit dieses kleinen Ablaufs, sondern die Klarheit der einzelnen Positionen.

Nachdem die Kinder einige Abläufe umgesetzt haben, können die Aufgaben noch einmal komplexer werden, indem die Kinder die Abläufe jeweils zu zweit parallel ausführen, d.h. die jeweils angesagten Positionen werden von den Paaren gleichzeitig eingenommen. Zum Abschluss wählen die Kinder ihren Lieblingsablauf und versuchen, ihn vorwärts und rückwärts auszuführen.

Schnick-Schnack-Schnuck

Zwei Gruppen stehen sich an einer Mittellinie gegenüber und „knobeln" gleichzeitig alle zusammen: „Schnick-Schnack-Schnuck!" Es wird mit den drei bekannten Handzeichen *Schere, Papier und Stein* gespielt, wobei sich die Gruppen vorher (heimlich) auf ein gemeinsames Zeichen einigen.

Günstig ist es, gleich ein zweites Zeichen abzusprechen, falls das andere Team das gleiche Zeichen gewählt hat. Die Gruppe, die beim Knobeln gewinnt, versucht, die andere Gruppe abzuschlagen, bevor diese eine vorab definierte Ziellinie erreicht hat. Gefangene Kinder verstärken das Siegerteam im nächsten Durchgang.

Fortgeschrittene „Knobler" können die Handzeichen Schere, Papier und Stein auch mit dem ganzen Körper darstellen, sodass die Bewegungen größer werden. Oder die Gruppe entwickelt eigene Zeichen, wie z.B. Oma, Jäger und Wolf: Die Oma schlägt den Jäger mit ihrem Stock in die Flucht, der Jäger schießt auf den Wolf und der Wolf frisst die Oma.

Vertiefungsmöglichkeiten

Zwerge und Riesen

Die Gruppe wird zweigeteilt. In der einen Hallenhälfte stehen die Zwerge, in der anderen die Riesen. Die Zwerge machen alle Bewegungen ganz klein und schnell, die Riesen bewegen sich dagegen ganz groß und langsam. Am besten erfinden beide Gruppen auch gleich eine entsprechende Sprache. Zu Beginn macht die Übungsleiterin verschiedene Bewegungsvorschläge, die die Zwerge und Riesen jeweils auf ihre Art umsetzen, z.B. Gehen, Laufen, Hüpfen, Springen, Winken, Kratzen, Nase putzen.

Anschließend verabreden die Gruppen jeweils eine Tätigkeit, die sie in ihrer Art (z.B. klein und schnell) vormachen und die die andere Gruppe in ihrer Art (z.B. groß und langsam) nachmacht. Spannend für einzelne Kinder ist auch die Variante, dass ein Kind etwas vormacht, was der Rest der Gruppe nachmachen soll. Auch hier kann z.B. ein Riese einer Gruppe von Zwergen gegenüberstehen. Eventuelle Hemmungen lassen sich mit einem Requisit, wie z.B. einem Riesenstab oder einer Zwergenmütze, verringern.

Spiegelspiele

Die Kinder sitzen sich zu zweit gegenüber. Der eine macht eine Bewegung vor, die andere versucht, sie als sein Spiegelbild genau mitzumachen. Vor allem am Anfang müssen die Bewegungen groß und eindeutig sein, damit die Partnerin folgen kann. Am besten konzentrieren sich die Kinder auf ein Körperteil zur gleichen Zeit. Nach und nach können die Bewegungen komplexer werden und auch im Stehen ausprobiert werden.

Eine Variante ist das Vorgeben von Szenen, z.B. im Badezimmer, am Frühstückstisch oder in der Schule. Die Bewegungen stehen so in einem bestimmten Zusammenhang und das „Spiegelbild" kann leichter mitdenken.

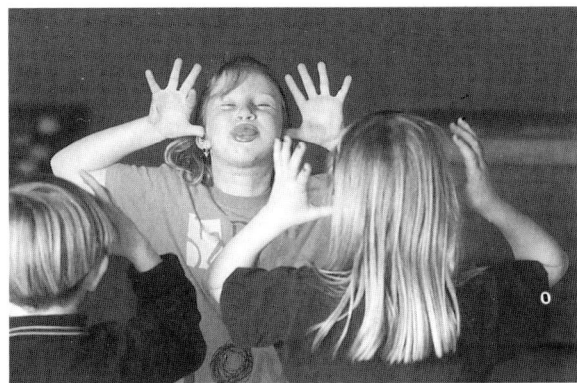

Spiegelspiele

Die Unterstützung der Bewegung durch eigene Geräusche kommt bei den Kindern meist von selbst hinzu, kann aber in einem weiteren Schritt auch angeregt werden.

Denkmale („Denkmal" – „denk mal!")

Die Kinder bewegen sich zu einer anregenden Musik durch die Halle. Wenn die Musik stoppt, gehen sie auf Ansage zu mehreren zusammen und bilden spontan ein Denkmal zu einem vorgegebenen Begriff. Wichtig ist, dass das

Denkmal spontan und möglichst schnell „gebaut" wird und dass es sich dann nicht mehr bewegt.

Themen für ein Denkmal können z.B. sein: „Der Olympiasieg", „Turnen ist toll", „Der verlorene Schlüssel", „Angst im Dunkeln", „Die beleidigte Leberwurst" oder „Schon wieder eine Sechs in Mathe".

In einem zweiten Schritt löst sich jeweils ein Kind aus dem Denkmal heraus und baut sich selbst an einer anderen Stelle wieder ein. Aus dem ursprünglichen Denkmal wird so nach und nach ein ganz anderes Kunstwerk. Das Spiel kann auch mit einem Bildhauer gespielt werden, der die einzelnen „Elemente" jeweils in eine sinnvolle Position bringt.

Denkmal

Begrüßung auf Umwegen

Die Kinder gehen auf geraden Raumwegen – am besten zu einer Bewegungsbegleitung – durch die Halle. Wenn sie ihre Fortbewegungsrichtung wechseln wollen, müssen sie eine „scharfe" Ecke gehen; Kurven sind nicht erlaubt. Hilfreich für das gerade Gehen sind die Spielfeldlinien, die in Sporthallen vorhanden sind.

In einem zweiten Schritt leitet die Hand jeweils das Um-die-Ecke-Gehen ein, etwa so wie das Handzeichen beim Fahrrad fahren. Der Körper folgt der Richtung, in die die Hand zeigt. Im weiteren Verlauf können die Kinder ihre

Bewegungsrichtung frei wählen und z.B. auch kurvige Raumwege ausprobieren. Wichtig ist jedoch, dass auch hier die Hand die Bewegung anführt.

Schließlich gehen die Kinder zu zweit zusammen und experimentieren mit einer Begrüßung auf Umwegen. Bevor sie sich die Hand geben, „umkurven" sie sich auf verschiedenen Wegen und Raumebenen. Ein kurviger Begrüßungsablauf kann abschließend festgehalten und den anderen gezeigt werden.

Am laufenden Band

Bewegungsabläufe erhalten eine besondere Wirkung, wenn sie zu zweit oder mehreren genau parallel ausgeführt werden. Hilfreich dabei ist das „Auszählen" des Ablaufs, sodass jede Bewegung genau festgelegt ist. Ein günstiger Einstieg in das Entwickeln von Bewegungsabläufen ist das Vorgeben eines Beispiels.

So könnte die Übungsleiterin das Trinken von einem Glas Wasser in acht Zählzeiten vorgeben: *eins* – Glas fassen, *zwei* – Glas an den Mund heben, *drei* – trinken, *vier* – Glas vom Mund absetzen, *fünf* – Glas abstellen, *sechs* – Glas loslassen, *sieben* – Mund abwischen, *acht* – Hand ausschütteln. Der Bewegungsablauf kann in mehreren Teilen vermittelt werden. Anstelle des Mitzählens bieten sich auch entsprechende Geräusche an.

Anschließend bekommen die Kinder zu zweit oder dritt die Aufgabe, einen eigenen Ablauf zu entwickeln. Am einfachsten ist es, wenn sie alltägliche Handlungen, wie z.B. Zähne putzen oder Türen öffnen, als Thema wählen.

Ganz wichtig ist, dass der Ablauf auf wenige Zählzeiten begrenzt wird; auch Profis schaffen kaum mehr als 16 Zählzeiten (vier Takte). Besonders wirkungsvoll ist es, wenn die gesamte Gruppe abschließend einen Bewegungsablauf gemeinsam einstudiert.

1 – Glas fassen, 2 – Glas an den Mund heben ...

Riesen und Zwerge

Gestaltungsmöglichkeiten

Klitzekleine Riesen – riesengroße Zwerge

Nachdem die Zwerge die *schlafenden Riesen* geweckt und sich *Zwerge und Riesen* gegenseitig ihre Kunststücke gezeigt haben, begeben sie sich auf eine Schatzsuche. Die Übungsleiterin erzählt eine Bewegungsgeschichte, die Zwerge und Riesen jeweils auf ihre Art spielen.

Günstig ist, wenn zwei Übungsleiterinnen zur Verfügung stehen, die jeweils eine Gruppe betreuen. In der Geschichte können z.B. Berge und Täler, Sümpfe und Urwälder, Flüsse und Wüsten, Sonne und Regen vorkommen. Wichtig ist, dass die Kinder jeweils ihrer Rolle als Zwerg oder Riese treu blei-

ben, d.h., dass sie alle ihre Bewegungen entweder klein und schnell oder groß und langsam ausführen. Nachdem jede Gruppe ihre Geschichte einmal für sich durchgespielt hat, führt sie sie der anderen Gruppe vor. Dieselbe Geschichte kann bei Zwergen und Riesen ganz unterschiedlich ausfallen.

Denkmal wi(e)der!

Nach einigen einstimmenden Spielformen, wie z.B. *Gehen-Stehen-Sitzen-Liegen* oder *Schnick-Schnack-Schnuck,* werden die ersten *Denkmale* gebaut. Aus dem spontanen Umsetzen von Themen entwickelt sich das Umbauen eines Denkmals, indem sich ein Kind löst und an anderer Stelle wieder einpasst. Der fließende Wechsel von Herauslösen und Einbauen kann gut mit einer ruhigen Musik unterstützt werden.

Anschließend entwickeln die Kinder in Gruppen zu fünft oder sechst eine Spielszene zum Thema „Denkmal". Mögliche Themen sind z.B. ein Künstler, dessen Denkmal nicht so will wie er, ein Liebespaar, das sich unter einem Denkmal trifft und auf mysteriöse Weise ständig gestört wird oder ein Straßenfeger, der den Platz vor einem Denkmal reinigt und merkwürdigerweise immer wieder von vorne anfangen muss. Wichtig ist, dass die Kinder den Wechsel vom unbeweglichen Denkmal zur Bewegung deutlich machen.

Begegnung mit Umwegen

Das Begrüßungsspiel *Guten Tag, Frau Meyer!* führt in das Thema Begegnungen ein. Anschließend werden *Begrüßungen auf Umwegen* ausprobiert, wobei die Hand jeweils die Bewegung anführt. Dann wird ein erster Bewegungsablauf zum Begrüßen festgehalten.

In der folgenden Spielaufgabe kann eine typische Begrüßungssituation zum Ausgangspunkt genommen werden, z.B. die Begrüßung von Schiedsrichter und Mannschaftsführern vor einem Fußballspiel, die Begrüßung von Eltern und Lehrern auf einem Elternsprechtag oder die Begrüßung von Ehrengästen auf einem Staatsbankett.

Wie üblich, wollen sich die Personen freundlich die Hände reichen, allerdings machen sich die Hände selbstständig und entwickeln ein Eigenleben. Der höfliche Händedruck gerät außer Kontrolle.

Beobachtungsschwerpunkte/Hilfen

- Bewegungen, die nachgeahmt werden sollen, deutlich und groß machen.
- Synchronisierte Bewegungsabläufe kurz machen und „auszählen".
- Das „Auszählen" von Bewegungsabläufen nach und nach durch eigene Geräusche ersetzen.
- Berührungsängste durch angenehme Atmosphäre abbauen (Musik!).
- Bei Spielen mit viel körperlicher Nähe immer Rückzugsmöglichkeiten bieten.
- Partneraufgaben vorher ankündigen, sodass sich die Kinder ihren Wunschpartner aussuchen können.
- Bei Spiegelspielen Spiegellinie mit Klebeband abkleben oder Spielfeldlinien nutzen.
- Bei Unklarheiten helfen Beobachtungsaufgaben, in denen sich die Kinder gegenseitig Rückmeldung geben.

Stundenbeispiel
„Spieglein, Spieglein, an der Wand" – Spielen mit Partner und Kleingruppe

Spiegel zeigen uns unser Spiegelbild – das weiß jedes Kind. Aber was passiert, wenn die Spiegel sich selbstständig machen und eigene Bilder entwickeln? Wenn sie nicht mehr die Realität, sondern Verzerrungen und Traumwelten zeigen? – Das Stundenbeispiel beginnt mit *Schattenlaufen,* wobei bereits erste Anpassungen an Partner und Kleingruppe erforderlich sind. Anschließend werden verschiedene *Spiegelspiele* zu zweit ausprobiert, in denen möglichst deutliche und „naturgetreue" Spiegelbilder entstehen sollen.

Im *Zerrspiegel* werden diese Spiegelbilder verfremdet. Die eine Gruppe stellt sich als Spiegel an einer Linie auf und jedes Kind überlegt sich, was für ein Spiegel es sein möchte. Die Spiegel können die Bewegungen z.B. größer oder kleiner machen, sie können sie in die Breite oder Länge ziehen oder sie können sie langsamer oder schneller ausführen.

Die anderen Kinder probieren die verschiedenen Spiegel aus und versuchen zu erraten, wie der jeweilige *Zerrspiegel* ihre Bewegungen verändert. Anschließend werden die Rollen gewechselt. Die Erfahrungen aus dem Zerrspiegel können in der Spielaufgabe aufgegriffen werden. In einem *Spiegelkabi-*

nett steht dabei ein Mensch drei Spiegeln gegenüber. Die Spiegel können verschieden angeordnet sein und das Spiegelbild des Menschen unterschiedlich wiedergeben. Unter Umständen entwickeln sie auch eigene Ideen und bringen den Menschen so noch mehr in Verwirrung. Oftmals reicht jedoch schon die Anregung von drei unterschiedlichen Spiegeln aus, um eine komplexe Spielhandlung in Gang zu bringen, zumal die Spiegel sich auch gegenseitig spiegeln können. Die Ergebnisse werden abschließend vorgespielt und ausgewertet.

Phase/Zeit	Gedanken/ Absichten	Inhalt/Lern- und Organisationsformen	Materialien/ Medien
Einstimmung 10 min	Aufwärmen; Einstellen auf Partner und Kleingruppe	*Schattenlaufen* • Zu 2.: Laufen und andere Fortbewegungsarten • Zu 4.: Verschiedene Fortbewegungsarten	Handtrommel oder Musikbox, *Catwalk* (Art of Noise)
Vorbereitung 15 min	Führen und Folgen mit einem Partner; Sammeln von Bewegungs- und Spielideen	*Spiegelspiele* • Zu 2.: Im Sitzen • Zu 2.: Im Stehen mit komplexen Bewegungen • Zu 2.: Mit einer Spielidee • Zu 2.: Mit Geräuschen	./.
Variation 10 min	Entwicklung von unkonventionellen Spiegelungen; Gruppenerlebnis	*Zerrspiegel* • In zwei Gruppen an einer Linie gegenüber • Gruppe 1 bildet „verrückte" Spiegel, Gruppe 2 probiert aus	ggf. Klebeband für Spiegellinie
Spielaufgabe 10 min	Entwickeln einer Spielidee; Zusammenarbeit in der Gruppe	*Spiegelkabinett* • Zu 4.: Ein Mensch und drei Spiegel • Einbezug der Spielfunktion	./.
Präsentation 15 min	Zeigen der Spielszenen; Reflexion	*Vorspielen und Besprechen* • Präsentation der Ergebnisse mit anschließender Auswertung	./.

5.5 Objekte und Materialien

In diesem Kapitel geht es um Bewegungs-, Spiel- und Ausdrucksmöglichkeiten mit Objekten und Materialien. Dazu gehören Spielformen mit Alltagsmaterialien, wie z.B. Wäscheklammern, Bierdeckel oder Zeitungen, Spielformen mit Gegenständen des täglichen Gebrauchs, wie z.B. Bettlaken, Regenschirme oder Hüte und Spielformen mit Kleingeräten aus der Sporthalle, wie z.B. Gymnastikstäbe, Gymnastikreifen oder Gymnastikkeulen.

Darüber hinaus können psychomotorische Geräte, wie z.B. Pedalos, Schwungtücher oder Rollbretter eingesetzt werden. Besondere Verknüpfungsmöglichkeiten bestehen mit den Themen *Alltagsbewegungen und -tätigkeiten* (vgl. Kap. 5.1), *Gerätearrangements und Bewegungslandschaften* (vgl. Kap. 5.6) sowie *Musik und Tanz* (vgl. Kap. 5.8). Weiterführende Hinweise zur Arbeit mit Objekten und Materialien finden sich u.a. bei DREFKE/VENT 1988, MEUSEL/WIESER 1997 und BEUDELS/KLEINZ/DELKER 1997.

Einstiegsmöglichkeiten

Stabmikado
Die Kinder gehen zu dritt oder viert zusammen und erhalten zehn bis fünfzehn Gymnastikstäbe. Die Stäbe werden zu einem großen Haufen aufgeschichtet.

Nun beginnt der Erste vorsichtig damit, einen Stab aus dem Haufen herauszuziehen. Wenn sich kein anderer Stab bewegt, kann er den Stab behalten und sein Geschick beim nächsten ausprobieren. Wenn ein anderer Stab wackelt, bleiben alle restlichen Stäbe auf dem Haufen liegen und die Nächste ist an der Reihe.

Das Stabmikado erfordert viel Geduld von den Kindern, ist aber auch sehr spannend, zumal oft der ganze Körper eingesetzt werden muss, um einen Stab sicher aus dem Haufen zu ziehen. Fortgeschrittene Mikadospieler können den Stäben mit Hilfe von verschiedenfarbigen Klebestreifen auch unterschiedliche Punktwerte zuordnen.

Bäumchen, Bäumchen, wechsel dich!
Alle Kinder bis auf eines bekommen einen Gymnastikreifen, den sie an einem beliebigen Ort in der Halle auf den Boden legen. Jedes Kind stellt sich in seinen Reifen. Das Kind, das keinen Reifen abbekommen hat, ruft laut:

„Bäumchen, Bäumchen, wechsel dich!" Daraufhin versuchen alle Kinder, in einen neuen Reifen zu gelangen. Auch das Kind ohne Reifen sucht sich ein „Bäumchen".

Als Grundregel wird vereinbart, dass keiner in seinen ursprünglichen Reifen zurückkehren darf. Wer übrig bleibt, darf als Nächster „Bäumchen, Bäumchen, wechsel dich!" rufen. Fortgeschrittene Spieler können sich auch darauf einigen, dass man im Verlauf eines Spiels nur einmal im selben Reifen stehen darf.

Zeitungsslalom

Jedes Kind bekommt eine Zeitung, die es an einem beliebigen Ort in der Halle auf den Boden legt. Zu einer anregenden Musik laufen die Kinder dann kurvig um die Zeitungen herum. Dabei ist es streng verboten, auf die Zeitungen zu treten (Rutschgefahr!). Wenn die Musik stoppt, setzt sich jedes Kind auf eine Zeitung.

Nach einigen Durchgängen kann die Anzahl der Zeitungen verringert werden, sodass jeweils zwei, drei, vier oder fünf Kinder auf einer Zeitung sitzen müssen. Je mehr Kinder sich eine Zeitung teilen, umso schwieriger wird es. Selbstverständlich ist es *nicht* erlaubt, den Boden neben der Zeitung zu berühren. Welche Gruppe bekommt die meisten Kinder auf eine Zeitung?

Mist, Mist, Mist!

Alle Kinder bekommen einen (alten) Hut, den sie sich möglichst fest auf den Kopf setzen. Zu einer langsamen Musik gehen sie durch die Halle und versuchen jeweils, den anderen Kindern die Hüte vom Kopf zu reißen und auf die Erde zu werfen. Hat jemand seinen Hut verloren, stampft er dreimal wütend auf die Erde und ruft: „Mist! Mist! Mist!"

Anschließend kann er seinen Hut wieder aufsetzen und weiter mitspielen. Der Reiz des Spiels liegt im gegenseitigen Belauern und Hutklauen, während man gleichzeitig den eigenen Hut bewacht. Aber aufgepasst – wer zu vorsichtig ist, stibitzt keinen Hut!

Eine Variante des Spiels besteht darin, dass man Hüte, die man stiehlt, behalten darf und auf seinen eigenen Hut mit draufsetzt. Je mehr Hüte man auf dem Kopf balanciert, umso unbeweglicher wird man. Auch hierbei geht es letztlich nicht ums Gewinnen, sondern vielmehr ums Hutstehlen und ums Sich-Ärgern.

Gespenstertango

Jedes Kind bekommt ein Bettlaken, das es sich über den Kopf zieht. Zunächst versuchen alle, sich vorsichtig mit dem Laken über dem Kopf fortzubewegen. Woran kann ich mich orientieren? Kann ich etwas hören, sehen, tasten?

Anschließend wird eine leise Gespenstermusik eingespielt und die Kinder „schweben" dazu durch die Halle. Wenn sich zwei Gespenster treffen, tasten sie sich vorsichtig gegenseitig ab. Wer ist unter welchem Laken versteckt? Wenn die Kinder jemanden erkannt haben, können sie gemeinsam einen kleinen Gespenstertango tanzen.

Viele Kinder lieben das Versteckspielen unter dem Bettlaken und identifizieren sich schnell mit der Gespensterrolle. Manchen Kindern ist es aber auch unheimlich, nichts – oder jedenfalls nicht richtig – sehen zu können. Sie können erst einmal zuschauen oder gemeinsam mit einem Freund oder einer Freundin unter ein Laken gehen.

Vertiefungsmöglichkeiten

Stabspiele

Zuerst werden verschiedene Bewegungsmöglichkeiten mit den Gymnastikstäben ausprobiert. Jedes Kind bekommt einen Stab und versucht, ihn auf der Hand zu balancieren. Kann man den Stab auch auf dem Fuß, dem Rücken oder dem Kopf im Gleichgewicht halten?

Eine andere Möglichkeit besteht darin, den eigenen Körper möglichst genau an den Stab anzuschmiegen. Welche Körperteile kann man so gerade wie einen Stab machen? Größere Kinder können die Stäbe auch rollen oder werfen. Eine (sinnvolle) Einschränkung besteht darin, die Stäbe möglichst leise zu bewegen.

In einem zweiten Schritt werden die Stäbe verfremdet. Die Kinder gehen zu zweit mit einem Stab zusammen. Der Erste nimmt den Stab und gibt ihn der anderen z.B. als Fernglas weiter. Die Zweite nimmt das „Fernglas" und gibt es dem Ersten als Lineal zurück. Der nimmt das „Lineal" und macht einen Spazierstock daraus usw. Später gehen die Kinder zu dritt mit drei Stäben zusammen und versuchen, aus mehreren Stäben Gegenstände zu entwickeln.

Mögliche Lösungen sind z.B. ein Paar Stelzen, eine Tragbahre, ein Flugzeug, ein Dreieck, ein Zelt oder eine Wasserleitung.

Gymnastische Querflöten

Reifenspiele

Eine erste Möglichkeit besteht darin, Bewegungen mit dem Gymnastikreifen auszuprobieren. Den Reifen kann man z.B. drehen und rollen. Größere Kinder können versuchen, durch den rollenden Reifen zu springen. Der Reifen kann auch um den Körper gerollt werden. Am bekanntesten ist das „Hula-Hoop"-Rollen um die Hüften. Der Reifen kann aber auch um Arme und Beine und sogar um den Hals gerollt werden.

Eine andere Spielmöglichkeit ist das „Reifenlabyrinth". Die Kinder gehen in größeren Gruppen zusammen und bilden ein „Gewirr" aus Reifen, durch das man hindurchkriechen kann, ohne die Reifen zu berühren.

Eine andere Aufgabe leitet auf das darstellende Spiel über und besteht darin, Fahrzeuge mit den Reifen zu bauen. Die Kinder gehen zu viert oder fünft zusammen und entwickeln verschiedene Fahrräder, Kinderwagen, Autos, Rollstühle, LKW usw.

Reifenlabyrinth

Zeitungsspiele

Die Kinder probieren verschiedene Möglichkeiten aus, wie man eine Zeitung transportieren kann – auf den Händen, auf dem Kopf, auf dem Rücken, mit den Füßen usw. Anschließend wird eine Staffel veranstaltet, bei der es darum geht, eine Zeitung möglichst schnell zu transportieren. Im ersten Durchgang dürfen die Kinder die Zeitung z.B. nur mit einer Hand berühren, im zweiten Durchgang nur mit den Füßen, im dritten Durchgang nur mit dem Kopf und zum Abschluss nur mit dem Bauch. Anschließend werden die Kinder selbst zur Zeitung. Die Übungsleiterin macht mit einer „echten" Zeitung verschiedene Bewegungen vor, z.B. auseinander falten, zusammenklappen, flach auf den Boden legen oder zusammenknüllen. Die Kinder ahmen die Bewegungen der Zeitung mit ihrem gesamten Körper nach.

Eine weitere Möglichkeit besteht darin, mit der Zeitung Geräusche zu machen. So kann man mit ihr z.B. rascheln, schlagen, knistern oder wischen. In Kleingruppen wird abschließend ein kleines Hörspiel mit den Zeitungen entwickelt.

Spiele mit Hüten

Zunächst werden die Hüte als Spielobjekte erprobt. Die Kinder gehen zu zweit zusammen und versuchen, sich die Hüte zuzuwerfen, sie als Frisbeescheibe zu verwenden, sie gleichzeitig zu tauschen oder sie auf verschiedenen Körperteilen zu balancieren. Auch kleine Kunststücke können probiert werden.

Wer kann sich z.B. den Hut so auf den Kopf werfen, dass er darauf liegen bleibt? Oder wem gelingt eine Jonglage mit drei Hüten? Im Folgenden entwickeln die Hüte ein Eigenleben: Sie werden ganz leicht oder ganz schwer, fallen ständig vom Kopf, geben merkwürdige Geräusche von sich oder fangen an zu stinken.

Nach einigen Anregungen durch die Übungsleiterin entwickeln die Kinder selbstständig verschiedene Huteigenschaften. Schließlich verändern sich die Hüte. In Zweier- oder Dreiergruppen verwandeln die Kinder ihre Hüte z.B. in Schoßhündchen, Telefone, Kochtöpfe, Steuerräder oder Boxhandschuhe.

Spiele mit Bettlaken

Bettlaken sind ungewohnte Spielobjekte, deren Eigenschaften zunächst erkundet werden müssen. So können Fortbewegungsarten mit dem Laken entwickelt werden. Das Laken kann als Schwungtuch eingesetzt werden, mit dem man z.B. kleine Bälle in die Luft schleudert und wieder auffängt. Oder das Laken kann zum Bauen von Höhlen und anderen Unterkünften benutzt werden.

Da es Dinge „unsichtbar" macht, kann das Bettlaken auch kleinere Gegenstände verhüllen, sodass man einen Tastparcours bauen kann. Unter dem Laken liegen z.B. Sandsäckchen, Igelbälle, Gymnastikkeulen oder Luftballons, die die Kinder mit den Händen ertasten. Besonders spannend ist auch das Bewegen unter dem Laken. Zu zweit oder mehreren probieren die Kinder verschiedene Fortbewegungsmöglichkeiten aus und überlegen sich, wie das merkwürdige Lebewesen heißt, das da vorsichtig durch die Halle schleicht.

Gestaltungsmöglichkeiten

Zeitungszeit

Die Kinder stimmen sich mit dem *Zeitungsslalom* auf die Stunde ein. Anschließend probieren sie verschiedene *Zeitungsspiele* aus, z.B. Zeitungstransport, Zeitungsstaffeln oder Geräusche mit Zeitungen. Schließlich werden sie selbst zur Zeitung. Für kleinere Kinder kann die Stunde mit dieser Bewegungsgeschichte beendet werden. Größere Kinder können stattdessen mit dem Verändern und Verfremden von Zeitungen experimentieren. So kann die Zeitung z.B. zum Hut, zum Mantel, zum Fernglas, zur E-Gitarre, zur Trompete oder zum Taschentuch werden.

Eine mögliche Spielaufgabe besteht darin, drei oder vier Typen mit einer Zeitung in ein Wartezimmer, eine Straßenbahn oder ein Café zu setzen. Mit der Zeit wird es ihnen langweilig und sie verwandeln ihre Zeitungen in andere Gegenstände. Schließlich kommt es zu einem großen „Zeitungsorchester", das abrupt abbricht, wenn der nächste Patient ins Sprechzimmer gerufen wird, die nächste Haltestelle naht oder der Kellner endlich die Getränke bringt.

Zauberstäbe

Die Stunde beginnt mit dem Spiel *Stabmikado*. Danach werden verschiedene *Stabspiele* gespielt, wobei es zunächst um das Erkunden von Bewegungsmöglichkeiten und dann um das Verfremden der Gymnastikstäbe geht.

Im Folgenden gehen die Kinder zu fünft zusammen und legen drei unterschiedliche Funktionen der Stäbe fest, z.B. der Stab als Spazierstock, der Stab als Bürste zum Rückenschrubben und der Stab als Staubsauger. Die Funktionen werden auf Ansage z.B. fließend oder schlagartig, zaghaft oder in Zeitlupe gewechselt.

In der anschließenden Spielaufgabe wird der Stab zum Zauberstab, mit dem man die Mitspieler ebenso wie die Stäbe selbst verwandeln kann. In Dreier- oder Vierergruppen entwickeln die Kinder eine Szene, in der die Gymnastikstäbe fünf verschiedene Funktionen übernehmen sollen.

WohlbeHütet

Mit dem Spiel *Mist! Mist! Mist!* stimmen sich die Kinder auf die Stunde ein. Es folgen verschiedene *Spiele mit Hüten* zum Kennenlernen der Huteigen-schaften sowie zum Abwandeln und Verfremden der Hüte. Als Brücke zum darstellenden Spiel gehen die Kinder zu dritt mit drei Hüten zusammen und entwickeln einen Rhythmus zum Huttausch, bei dem die Hüte möglichst umständliche Wege von einem Kopf zum anderen nehmen sollen.

In der anschließenden Spielaufgabe sollen die Kinder in Dreier- oder Vie-rergruppen eine Szene entwickeln, in der die Hüte verschiedener Typen durcheinander geraten. Zum Beispiel könnte ein wertvoller Hut aus einem Hutladen gestohlen werden – aber welcher ist es denn? Oder zwei Damen oder Herren auf einer Party stellen fest, dass sie denselben Hut aufhaben – was kann man da tun? Oder die Straßenbahn bremst plötzlich und alle Hüte fallen zu Boden – ist das Ihr Hut oder meiner?

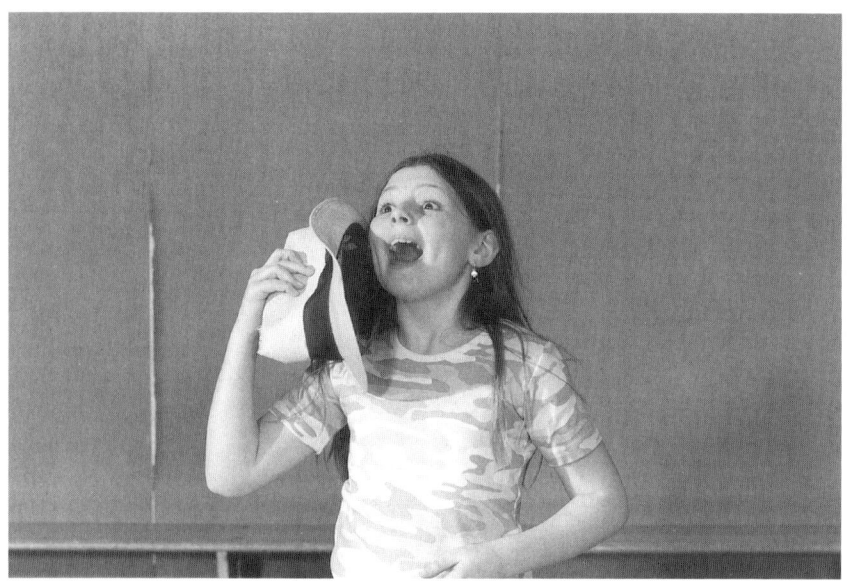

Hallo, Hut!

Beobachtungsschwerpunkte/Hilfen

- Pro Unterrichtsstunde nur ein Objekt bzw. Material ausprobieren.
- Objekte und Materialien durch günstige Aufgaben „in Bewegung bringen", nicht zu statisch spielen.
- Neue Funktionen *und* neue Bedeutungen für die Objekte erfinden (Umfunktionieren und Verfremden).
- Beim Experimentieren mit Geräten einzelne Ideen herausstellen, sodass alle sie ausprobieren können.
- Wettbewerbsaufgaben möglichst in Paaren oder Kleingruppen durchführen.
- Musik beeinflusst Bewegungsfluss und Bewegungsqualität im Umgang mit den Geräten.
- Objekte und Materialien verursachen Geräusche, die im darstellenden Spiel genutzt werden können.
- Zum Abschluss vielleicht eine Bierdeckel- oder Bettlakenentspannung anbieten.

Stundenbeispiel
„Reife(n) Leistung?!" – Spielen mit einem Objekt

Gymnastikreifen bieten vielfältige Bewegungsmöglichkeiten, können aber auch gut für das darstellende Spiel genutzt werden. Reifen kann man drehen und rollen, größere Kinder können sie auch werfen und fangen. Die Kreisform erinnert an Kochtöpfe, Bullaugen oder Spiegel, die Reifen können als Raumkapseln oder Seifenblasen und nicht zuletzt als Reifen genutzt werden.

Das Stundenbeispiel beginnt mit dem Spiel *Bäumchen, Bäumchen, wechsel dich*, in dem die Reifen als „Platzhalter" dienen. Anschließend folgen verschiedene *Reifenspiele*, mit denen die Bewegungsmöglichkeiten des Geräts erkundet werden. Die Brücke zum darstellenden Spiel wird mit den *Fahrzeugen aus Reifen* geschlagen.

In der anschließenden Spielaufgabe *Reife(n) Leistung?!* soll ein Mensch ein Fahrzeug aus Gymnastikreifen nutzen, wobei das jeweilige Fahrzeug aber nicht so will, wie er es sich vorstellt. Die Ergebnisse werden abschließend vorgespielt und ausgewertet.

Reife(n) Leistung?!

Phase/Zeit	Gedanken/ Absichten	Inhalt/Lern- und Organisationsformen	Materialien/ Medien
Einstim-mung 10 min	Aufwärmen; Gruppener-lebnis	*Bäumchen, Bäumchen wech-sel dich!* • Wechsel der Reifen auf An-sage	Gymnastik-reifen
Vorberei-tung 20 min	Sammeln von Gerät- und Spielerfah-rungen; Kooperation	*Reifenspiele* • Drehen und Rollen des Reifens • Werfen und Fangen des Reifens • Reifenlabyrinth	./.
Variation 10 min	Sammeln von Spielideen; Kooperation	*Fahrzeuge aus Reifen* • Zu 5.: Fahrzeuge aus Reifen bauen	./.
Spielauf-gabe 10 min	Entwickeln einer Spielidee; Zusammenar-beit in der Gruppe	*Reife(n) Leistung!?* • Zu 3./4.: Ein Mensch be-nutzt ein Fahrzeug und bekommt Probleme	./.
Präsentation 10 min	Zeigen der Spielszenen; Reflexion	*Vorspielen und Besprechen* • Präsentation der Ergebnisse mit anschließender Auswer-tung	./.

5.6 Gerätearrangements und Bewegungslandschaften

In diesem Kapitel geht es um Bewegungs-, Spiel- und Ausdrucksmöglichkeiten an und mit Gerätearrangements und Bewegungslandschaften. Dazu gehören Spielformen an und mit einzelnen Großgeräten, wie z.b. Kästen, Barren oder Weichböden, Spielformen an und mit Gerätearrangements, wie z.b. Kastentreppen, Bankbrücken oder Rutschhängen und Spielformen an und mit Bewegungslandschaften, in denen Großgeräte nach bestimmten Themen zusammengestellt sind, wie z.b. Balancieren und Wippen, Schaukeln und Schwingen oder Klettern und Springen.

Darüber hinaus können Spielformen aus dem Abenteuersport, wie z.B. „Gletscherspalte", „Steilküste" oder „Burmabrücke" aufgegriffen werden. Besondere Verknüpfungsmöglichkeiten bestehen mit den Themen *Spielideen und Handlungsthemen* (vgl. Kap. 5.2), *Objekte und Materialien* (vgl. Kap. 5.5) sowie *Bewegungs- und Darstellungstechniken* (vgl. Kap. 5.7). Weiterführende Hinweise zur Arbeit mit Gerätearrangements und Bewegungslandschaften finden sich u.a. bei SPORTJUGEND NW 1991, TREBELS 1992 und STEIN 1995.

Einstiegsmöglichkeiten

Bildaufbau

Die Kinder gehen in Gruppen zu viert oder fünft zusammen und bekommen einen Zettel, auf dem ein einfaches Bild von einer Landschaft, einer Stadt oder einem Spielplatz zu erkennen ist. Auf dem Bild könnte z.B. ein Berg, eine Brücke, eine Rutschbahn, ein Haus oder ein Bahnhof zu sehen sein. Die Aufgabe der Gruppen besteht darin, ihr Bild mit den vorhandenen Geräten und Materialien möglichst genau nachzubauen.

Die Bildvorgaben sollten dementsprechend umzusetzen sein. Günstig ist es auch, wenn die Stationen in irgendeiner Weise zur Bewegung anregen. Eventuelle Verteilungsprobleme beim Bauen können die Kinder entweder selbstständig lösen, sie können aber auch von der Übungsleiterin geregelt werden. Je nach Ausstattung der Halle muss sowieso häufig „improvisiert" werden.

Wenn die Stationen fertig sind, probieren die Kinder sie wechselseitig aus. Eine Variante des Spiels besteht in der Vorgabe konkreter „Baupläne", was den Bauprozess enorm verkürzen kann, die Fantasie der Kinder aber weniger fordert.

Gerätefangen

Kästen, Bänke, Matten und andere Geräte sind als Landschaft in der Halle aufgebaut. Ein freiwilliger Fänger versucht, die anderen Kinder abzuschlagen, die sich zwischen und auf den Geräten bewegen. Ein oder zwei Geräte dienen als „Freio", d.h. wer sich auf ihnen befindet, kann nicht gefangen werden. Damit sich nicht zu viele Kinder im Freio aufhalten, wird ihre Zahl z.B. auf drei begrenzt. Befinden sich mehr als drei Kinder im Freio, können alle Kinder gefangen werden. Wer vom Fänger abgeschlagen wird, ist der neue Fänger.

Eine Variante besteht darin, dass gefangene Kinder auf der Stelle „krank" umfallen. Sie können von zwei oder – bei kleineren Kindern – vier „Sanitätern" ins Krankenhaus (Weichboden) getragen werden und anschließend wieder mitspielen. Sanitäter, die ein „krankes" Kind tragen, dürfen nicht abgeschlagen werden.

Gerätefangen

Ebbe und Flut

In der Halle ist eine Bewegungslandschaft aufgebaut. Die Übungsleiterin erzählt eine Bewegungsgeschichte zum Thema „Strandurlaub". Da werden Picknickkörbe und Rucksäcke geschleppt, Handtücher ausgebreitet und Badehosen angezogen, Sonnenmilch aufgetragen und Sonnenhüte gesucht, da wird gebadet und getaucht. Aber immer, wenn die Übungsleiterin das Wort „Flut" ruft, retten sich die Kinder vor den Wassermassen auf einen hochgelegenen Kasten o.ä. Wenn sie dagegen das Wort „Ebbe" sagt, waten die Kinder weit in die Halle hinaus.

Das Spiel lebt vom schnellen Wechsel von Ebbe und Flut sowie von der anregenden Bewegungsgeschichte. Varianten von „Ebbe und Flut" sind z.B. „Feuer, Wasser, Erde, Blitz", bei dem je nach Stichwort unterschiedliche Stationen aufgesucht werden, oder „Rette sich, wer kann!", bei dem eine spannende Geschichte erzählt wird, in der der besagte Satz für alle Kinder das Stichwort zum Überwinden eines Bewegungsparcours ist. Der oder die Letzte darf die Geschichte weitererzählen.

Ebbe und Flut

Völlig losgelöst

Eine Gerätelandschaft mit Möglichkeiten zum Klettern, Schwingen, Balancieren, Springen, Rollen, Rutschen usw. ist in der Halle aufgebaut. Die Kinder bewegen sich auf den Geräten, dürfen aber – frei nach Pippi Langstrumpf – den Boden nicht berühren. Nach einer Phase des Ausprobierens werden Aufgaben gestellt, z.B. sollen alle Kinder versuchen, von einer Seite zur anderen zu gelangen. An schwierigen Stellen können sie sich gegenseitig helfen; der Geräteaufbau darf dabei jedoch nicht verändert werden.

Für größere Kinder kann die Wanderung durch die Bewegungslandschaft auch als Wettkampf inszeniert werden. Da wetteifern z.B. zwei Expeditionsteams darum, wer zuerst einen berühmten Berggipfel erreicht. Gewonnen hat das Team, das zuerst gemeinsam auf dem Gipfel steht.

Noch komplexer wird das Spiel, wenn Ausrüstungsgegenstände (z.B. Sauerstoffflaschen-Keulen, Bergsteiger-Stäbe, Proviant-Sandsäckchen usw.) transportiert und „schneeblinde" Kollegen (Augenbinden) geführt werden müssen.

Geräteparcours

Ein vielseitiger Geräteparcours regt zunächst zum selbstständigen Ausprobieren und Experimentieren an. Günstig ist ein Aufbau als Rundkurs, weil sich die Kinder dabei ohne Unterbrechung fortbewegen können.

In einem zweiten Schritt werden Aufgaben gestellt, z.B. den Parcours aufrecht oder kriechend, vorwärts oder rückwärts, ohne den Gebrauch der Hände oder nur auf einem Fuß zu überwinden. Spannend sind auch Partneraufgaben, wie z.B. den Parcours Hand in Hand, mit aneinander gebundenen Füßen (Tücher) oder mit einem „blinden" und einem sehenden Partner zu bewältigen.

Eine Aufgabe für größere, erfahrene „Blindgänger" besteht darin, den Parcours als ganze Gruppe gemeinsam und mit verbundenen Augen zu begehen. Jeder muss dabei sowohl für sich selbst als auch für seine Mitspieler Verantwortung übernehmen. Die Übungsleiterin kann die Fortbewegungsrichtung der Gruppe durch Geräusche lenken.

Verbindungsstege

Vertiefungsmöglichkeiten

Verbindungsstege

In einer Gerätelandschaft sind verschiedene Stationen oder „Inseln" aufgebaut. Die Kinder bekommen die Aufgabe, die Inseln so mit Stegen zu verbinden, dass man „trockenen Fußes" von einer Insel zur anderen gelangen kann.

Als Materialien stehen z.B. Teppichfliesen, Tücher oder Zeitungen, aber auch kleine Kästen, Matten oder Langbänke zur Verfügung. Normalerweise ist der Vorrat an Baumaterialien begrenzt und muss ökonomisch eingesetzt werden. Dabei ist die Abstimmung mit anderen Inselbewohnern unerlässlich.

Wenn die Verbindungsstege fertig gestellt sind, können gegenseitige Besuche stattfinden. Außerdem kann ein Tauschhandel mit verschiedenen „Rohstoffen" (Sandsäckchen, Bälle, Gymnastikstäbe usw.) angeregt werden, die dann über die Stege transportiert werden müssen.

Weit abgelegene Inseln können mit „Booten" erreicht werden, wozu sich neben Rollbrettern auch der Mattenwagen eignet, der allerdings vorsichtig gesteuert werden sollte.

Höhlenbauen

Eine vorbereitete Bewegungslandschaft eignet sich hervorragend zum Höhlenbauen. Unter Umständen sind bereits erste Tunnel aus Turnmatten oder Weichböden aufgebaut. In Gruppen zu viert oder fünft bekommen die Kinder die Aufgabe, die Geräteaufbauten so umzugestalten, dass eine Höhle entsteht, in die sie bequem alle hineinpassen. Neben den bereits vorhandenen Großgeräten können Materialien, wie z.B. Tücher, Bettlaken oder Folien, bereitgestellt werden.

Wenn die Höhlen fertig gestellt sind, überlegen die Kinder gemeinsam, wer in ihnen zu Hause ist. So können z.B. Mäuse, Füchse oder Maulwürfe, aber auch Heinzelmännchen, Zwerge oder Berggeister in den Höhlen wohnen. Kleine Kinder spielen z.B. gerne „Vater-Mutter-Kind" in ihrer Höhle. Größere Kinder gehen dagegen vielleicht lieber als Höhlenforscher auf Expedition durch die Tunnel und Gewölbe.

Höhlenbauen

Flizziflitzen

Rollbretter (Flizzis) finden sich mittlerweile in vielen Sporthallen. Zunächst können einige Spielformen zur Erkundung des Geräts durchgeführt werden, z.B. Fahren im Sitzen oder auf dem Bauch liegend, Slalomfahren oder Fahren mit „Chauffeur", der einen schiebt. Spannend ist auch das „Unterfahren" eines Tunnels, der aus einem Weichboden besteht, welcher auf sechs kleinen Kästen liegt. Wichtig ist, dass die Kinder Verantwortung für sich und andere übernehmen. Besonderes Augenmerk sollte auf den Schutz der Hände gelegt werden, die leicht unter die Rollen geraten!

In einem zweiten Schritt können mit den Flizzis verschiedene Stationen, wie z.B. der Hauptbahnhof, das Lagerhaus oder die Kantine, angesteuert werden. Auch ein Taxiunternehmen kann entstehen, das Fahrgäste von einem Ort zum anderen befördert (bezahlen nicht vergessen!). Andere Fortbewegungsmittel, wie z.B. Pedalos, Skateboards oder Inlineskates, können in das Spiel mit einbezogen werden, sofern es der Hallenboden erlaubt.

Klettern, Schaukeln, Schwingen

Sich über dem Erdboden zu bewegen, übt meist einen besonderen Reiz auf Kinder aus, weil sie dabei die dritte Dimension intensiv erleben können. Im Rahmen von Bewegungslandschaften können zunächst die vorhandenen Geräte, wie z.B. Sprossenwände, Klettertaue und -stangen, Ringe usw. genutzt werden. Weitere Möglichkeiten bieten Geräteaufbauten aus dem Kinderturnen mit Reck und Barren, Kastentreppen, eingehängten Langbänken oder schrägen Ebenen aus Weichböden.

Besondere Schaukelerlebnisse bieten Riesenschaukeln mit Reckstangen oder Langbänken, die in Ringe oder an Klettertauen befestigt und mit Springseilen oder Reepschnüren gesichert werden. Die auftretenden Kräfte sind allerdings enorm, weshalb diese Aufbauten vorab ausreichend geprüft werden müssen. In jedem Fall sollten Kletter- und Schaukelparcours mit Matten abgesichert sein und nur von konzentrierten Kindern benutzt werden.

Kuhweide, Steilküste & Co.

Der Abenteuersport bietet vielfältige Erlebnismöglichkeiten an und mit Geräten, bei denen Elemente des darstellenden Spiels enthalten sind und die die Zusammenarbeit in der Gruppe betonen.

Ein leicht durchzuführendes Spiel ist die *Kuhweide:* Die Kinder befinden sich auf einem Feld, das durch eine etwa hüfthoch gespannte Zauberschnur abgegrenzt ist. In einer Ecke des Feldes lauern wilde Stiere auf die Gruppe. Die Kinder müssen also versuchen, möglichst schnell den „Zaun" zu überwinden. Als Hilfsmittel stehen ihnen lediglich einige Gegenstände, wie z.B. eine Leiter, ein kleiner Kasten oder eine Turnmatte, zur Verfügung.

Im Spiel _Alle an Bord_ geht es um eine Seenotrettungsaktion, bei der möglichst viele Kinder mit einem Tau auf einen kleinen Kasten schwingen und darauf stehen bleiben sollen. Wie viele Schiffbrüchige passen auf die „Rettungsinsel"? Bei der _Steilküste_ wird ein Weichboden senkrecht aufgestellt und von mehreren Kindern gehalten. Ein zweiter Weichboden liegt hinter der „Steilküste" am Boden. Die Kinder versuchen nun, mit Anlauf und gegebenenfalls mit Hilfe von unten, die Steilküste zu überwinden.

Gestaltungsmöglichkeiten

Die Affen rasen durch den Wald
Die Stunde beginnt mit dem Spiel _Gerätefangen_ an, auf und zwischen den Aufbauten einer Bewegungslandschaft. Unter Umständen wird schon hier das Thema „Affen im Urwald" eingeführt, indem die Kinder als „Affenbande" an Barren, Seilen und Ringen Fangen spielen. Im Folgenden werden weitere Formen des _Kletterns, Schwingens_ und _Schaukelns_ ausprobiert, wobei

auch spezielle Stationen gemeinsam mit den Kindern aufgebaut werden können.

Wenn die Bewegungslandschaft ausreichend erkundet ist, kommen die Affen wieder ins Spiel. In Kleingruppen machen sie den „Urwald" unsicher, klettern auf hohe Bäume, schwingen von Ast zu Ast, bauen sich einen Schlafplatz oder begeben sich auf Nahrungssuche, wetteifern um den schönsten Urwaldschrei oder tanzen in einer wippenden Baumkrone.

Zum Abschluss werden mehrere „Kokosnüsse" (Gymnastikbälle) versteckt, die die Affen in zwei oder drei Teams suchen. Die Mannschaft mit den meisten Kokosnüssen hat gewonnen.

Die Affen rasen durch den Wald.

Rangierbahnhof

Die Kinder gehen in Gruppen zu viert oder fünf zusammen und bauen unterschiedliche Gerätestationen nach speziellen Vorgaben auf. Beim *Bildaufbau* werden bereits Anforderungen an einen Rangierbahnhof berücksichtigt. So gibt es z.B. Bahnhöfe, Tunnel, Lagerhallen, Werkstätten und Verladestationen.

Anschließend werden beim *Flizziflitzen* Erfahrungen mit dem Rollbrett gesammelt und in erste Spielzusammenhänge eingebunden. Beim Taxispiel können Transportaufgaben gestellt werden, bei denen es darum geht, eine Ladung von einem Ort zum anderen zu befördern („Lastentaxis").

Danach wird eine „Einsatzbesprechung" durchgeführt, in der die verschiedenen Tätigkeiten auf einem Rangierbahnhof gesammelt werden. Hier wird z.B. beladen und entladen, repariert und instand gesetzt, rangiert und transportiert. Die Kinder suchen sich eine Tätigkeit, die sie interessiert. Zum Abschluss kann ein langer Zug aus mehreren „Waggons" (Flizzis) gebaut werden, der von einigen „Lokomotiven" (Kindern) gezogen wird.

Hochwasser

In der Halle ist eine Bewegungslandschaft mit unterschiedlichen, voneinander getrennten Stationen aufgebaut. Zur Einstimmung wird das Spiel *Ebbe und Flut* gespielt. Anschließend geht es darum, die verschiedenen „Inseln" mit *Verbindungsstegen* so zu verbinden, dass man von einer Insel zur nächsten gelangen kann, ohne dass die Füße den Boden berühren.

Bei gegenseitigen Besuchen wird die Funktionstüchtigkeit der Stege erprobt. In einem weiteren Schritt wird eine Hochwasserkatastrophe ausgerufen; von nun an ist das Betreten des Bodens „lebensgefährlich", weil die Wasserfluten einen mitreißen könnten. Die Menschen versuchen, ihr Hab und Gut zu höher gelegenen Inselteilen zu bringen.

Kleinere Inseln müssen über Stege oder mit Rettungsbooten evakuiert werden (*Alle an Bord!*). Notunterkünfte werden erstellt, eine Krankenstation errichtet, eine Wetterstation ist rund um die Uhr besetzt.

Am Ende sinkt das Wasser wieder und die Kinder feiern ihre Rettung mit einem zünftigen „Schlammbad".

Beobachtungsschwerpunkte/Hilfen

- Geräteaufbau begrenzen, z.B. nur bestimmte Geräte freigeben oder den Kindern klare Vorgaben machen.
- Phasen für freies Spiel einplanen und die Kinder dabei beobachten.
- Aufbauten der Kinder unbedingt auf Gefahrenquellen hin untersuchen.
- Kinder auf Verletzungsgefahren hinweisen, kleinere Risiken aber nicht zwangsläufig ausschließen.
- Probleme bei der Geräteaufteilung oder beim Bauen selbstständig lösen lassen.
- Ideen zum darstellenden Spiel gemeinsam sammeln.
- Spielergebnisse nicht unbedingt vorspielen, sondern auch einmal unkommentiert stehen lassen.
- Zum Abschluss ein gemeinsames Spiel anregen (z.B. Verstecken in der Gerätelandschaft).

Stundenbeispiel
„Höhlenkinder" – Spielen in einer Bewegungslandschaft

Hütten, Höhlen, Buden – abgeschlossene Behausungen sind spannend und reizen kleine wie große Kinder zum selbstständigen Bauen und Spielen. Im Rahmen von Bewegungslandschaften wird das Höhlenbauen gerne mit einbezogen und oft auch mit bestimmten Spielideen verbunden. Das Thema bietet zahlreiche Möglichkeiten für das darstellende Spiel. So können sich kleine Tiere und freundliche Fantasiegestalten ebenso in einer Höhle aufhalten wie gefährliche Monster oder wagemutige Forscherinnen.

Das Stundenbeispiel beginnt mit dem Spiel *Völlig losgelöst*, bei dem es darum geht, verschiedene Geräte ohne Bodenkontakt zu überwinden. Anschließend bauen sich die Kinder in Kleingruppen eine eigene Höhle nach ihren Vorstellungen.

Beim *Höhlenbauen* können auch zusätzliche Materialien eingesetzt werden. Wenn die Höhlen fertig gestellt sind, erkunden die Kinder die entstandenen Behausungen auf einer gemeinsamen *Höhlenwanderung*. Auch hierbei darf der Boden nur betreten werden, wenn es von den jeweiligen Höhlenbewohnern ausdrücklich erlaubt wird. Die verschiedenen Bauwerke regen die Fantasie an und führen zum freien Spiel der *Höhlenkinder*. Ob es im Verlauf des Spiels zu gemütlichen Familienszenen oder zu aufregenden Abenteuern kommt, liegt im Ermessen der Kinder.

Zum Abschluss treffen sich alle Höhlenbewohner in der größten Höhle wieder und die Übungsleiterin liest eine *Höhlengeschichte* vor. Dabei kann sie z.B. einen Auszug aus „Die Wawuschels mit den grünen Haaren" von Irina KORSCHUNOW vorlesen.

Höhlenkinder

Phase/Zeit	Gedanken/ Absichten	Inhalt/Lern- und Organisationsformen	Materialien/ Medien
Einstim-mung 10 min	Aufwärmen; Sammeln von Bewegungs-erfahrungen	*Völlig losgelöst* • Bewegen auf Geräten ohne Bodenkontakt	Kästen, Matten, Weichböden, Bänke, Barren, Böcke usw.
Vorberei-tung 25 min	Sammeln von Materialerfah-rungen; Kooperation	*Höhlenbauen* • Zu 4./5.: Bau einer Höhle mit Hilfe vorhandener Materia-lien	./.; evtl. Tücher, Bettlaken, Folien o.ä.
Erkundung 10 min	Kennenlernen der Höhlen; Präsentation	*Höhlenwanderung* • Gemeinsame Besichtigung der entstandenen Höhlen	./.
Spielanre-gung 15 min	Entwickeln von Spielideen; Zusammenar-beit in der Gruppe	*Höhlenkinder* • Zu 4./5.: Spiel in und mit den Höhlen • Einbezug der Spielfunktionen	./.
Ausklang 10 min	Entspannung; Gruppener-lebnis	*Höhlengeschichte* • Gemeinsames Hören einer Höhlengeschichte in einer Höhle	./.; Höhlen-geschichte

5.7 Bewegungs- und Darstellungstechniken

In diesem Kapitel geht es um Bewegungs-, Spiel- und Ausdrucksmöglichkeiten, die sich aus Bewegungs- und Darstellungstechniken ergeben. Dazu gehören Bewegungstechniken, wie z.b. Rollen, Springen oder Fallen, pantomimische Techniken, wie z.b. das Gehen auf der Stelle, das Spiel mit imaginären Gegenständen oder „Die Wand" und zirzensische Bewegungskünste, wie z.b. clowneskes Stolpern, Jonglieren mit drei Bällen oder Elemente der Parterreakrobatik.

Darüber hinaus können spezielle Theaterformen, wie z.b. Schattentheater, Schwarzlichttheater oder das Spiel mit Masken aufgegriffen werden. Besondere Verknüpfungsmöglichkeiten bestehen mit den Themen *Alltagsbewegungen und -tätigkeiten* (vgl. Kap. 5.1), *Spannung und Entspannung* (vgl. Kap. 5.3) sowie *Gerätearrangements und Bewegungslandschaften* (vgl. Kap. 5.6). Weiterführende Hinweise zur Arbeit mit Bewegungs- und Darstellungstechniken finden sich u.a. bei Batz/Schroth 1986, Martin/Bantz 1992 und Gaal 1994.

Einstiegsmöglichkeiten

Mattenlauf

In der Halle sind zehn bis fünfzehn Turnmatten so ausgelegt, dass zwischen ihnen ausreichend Platz zum Bewegen ist. Die Kinder laufen zu einer anregenden Musik oder zu einer Bewegungsbegleitung durch die Halle. Die Matten sollen dabei nicht betreten werden, können aber zum Überspringen oder Slalomlaufen genutzt werden.

Wenn die Musik stoppt, setzen sich die Kinder so schnell wie möglich nacheinander auf drei Matten. Aber aufgepasst – auch andere Kinder suchen Matten zum Draufsetzen! Nach einigen Durchgängen wird die Aufgabenstellung geändert. Bei Musikstopp rollen sich die Kinder über den Rücken („Schweinerolle"), um die Längsachse oder – bei entsprechenden Fähigkeiten – mit einer kompletten Vorwärts- oder Rückwärtsrolle über die Matte.

Auch diese Aufgaben werden dreimal nacheinander ausgeführt, wobei man immer auf die anderen achten muss. Zum Abschluss können die Kinder ihre Lieblingsrolle an einer Matte ausprobieren und gegebenenfalls auch eigene Rollen entwickeln.

Popcorn

Ein überschaubares Spielfeld wird zur Bratpfanne, in der Popcorn zubereitet wird. Zuerst werden die Kinder als Maiskörner hineingegeben. Langsam erwärmt sich die Pfanne und die Kinder fangen zunächst langsam, dann immer schneller und höher an zu hüpfen. Schließlich wird der Honig hinzugefügt – ein Fänger, der sich ebenfalls hüpfend fortbewegt.

Wer vom „Honig" berührt wird, bleibt an ihm kleben, sodass nach und nach ein immer größerer, zusammenhängender Popcornklumpen entsteht. Egal, wer ein freies Maiskorn berührt, wer mit dem Popcornhaufen in Kontakt kommt, klebt an ihm fest, bis schließlich alle gemeinsam hüpfen.

Bei mehreren Durchgängen kann das Spiel schnell anstrengend werden, daher ist es günstig, zu Beginn – wenn die Pfanne noch nicht so heiß ist – nur wenig zu hüpfen. Unter Umständen kann die Übungsleiterin die Bewegungen der Maiskörner auch auf einer Handtrommel begleiten.

Herr Wolf, wie spät ist es?

Die Kinder bilden eine Schlange, indem sie sich hintereinander aufstellen und an der Taille oder der Schulter des Vordermanns bzw. der Vorderfrau festhalten.

Die Schlange setzt sich in Bewegung und alle rufen: „Herr Wolf, Herr Wolf, wie spät ist es?" Herr Wolf, der Erste in der Schlange, antwortet vielleicht: „Drei Uhr!" Die Schlange geht weiter und fragt wieder. Diesmal antwortet Herr Wolf: „Kurz vor 12!" Nach einer weiteren Frage könnte die Antwort lauten: „Zeit zum Essen!" Aber irgendwann antwortet Herr Wolf auf die Frage der Schlange, wie spät es ist, mit „Mittaaach!" Damit stürzt er sich auf die anderen Kinder und versucht, sie zu fangen, bevor sie eine rettende Wand erreichen können. Wer zuerst erwischt wird, ist der neue Herr Wolf.

Begrüßung der Clowns

Zu einer anregenden Musik gehen die Kinder kreuz und quer durch die Halle. Auf Ansage der Übungsleiterin variieren sie ihr Gehen in formaler Hinsicht, d.h. sie gehen z.B. mit eingerollten oder ausgerollten Füßen, mit durchgedrückten Beinen oder hohen Knien, o- oder x-beinig, mit unterschiedlichen Oberkörperhaltungen oder wechselndem Armeinsatz. Wenn die Musik stoppt, gehen die Kinder zu zweit zusammen und begrüßen sich als Clowns mit unterschiedlichen Körperteilen. Die Begrüßung kann z.B. mit

Begrüßung der Clowns

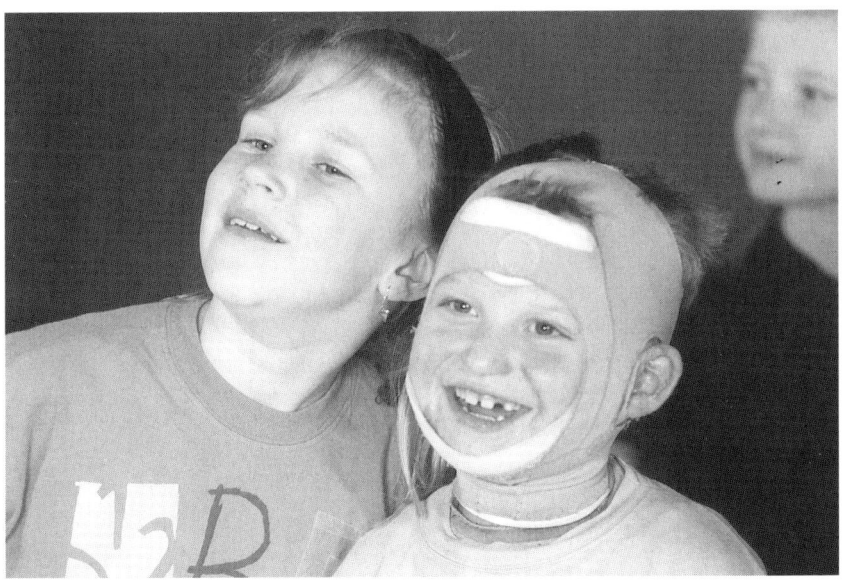

den Handrücken, den Füßen, den Knien, den Pos, den Bäuchen, den Ellbogen, den Ohren oder den Nasen erfolgen. Nachdem die Kinder einige Kollegen begrüßt haben, setzt die Musik wieder ein und die „Clowns" gehen weiter.

Sowohl beim Gehen als auch beim Begrüßen wird die clowneske Wirkung vor allem aus den unkonventionellen Bewegungsformen gezogen und nicht so sehr aus einem womöglich „albernen Gehabe" des dummen Augusts.

Dreifelder-Spiel

Zu einer Bewegungsbegleitung bewegen sich die Kinder durch die Halle. Die Übungsleiterin gibt bestimmte räumliche Anregungen vor, z.B. Bewegen in einer Höhle, im Sumpf, in der Wüste, im Dschungel, im Dunkeln oder auf Glatteis. Dabei geht es weniger um eine gefühlsmäßige Umsetzung der Anregungen als vielmehr um variantenreiche Bewegungen.

So ist die Höhle z.B. sehr flach, im Sumpf sinkt man ständig ein, der Wüstenboden ist ziemlich heiß und im Dschungel muss man ständig über Bäume klettern oder unter Schlingpflanzen hindurchkriechen.

In einem zweiten Schritt wird die Halle in drei etwa gleich große Felder geteilt, denen jeweils ein Raum zugeordnet wird. Feld A ist z.B. ein schlüpfriger Sumpf, Feld B eine niedrige Höhle und Feld C eine glühend heiße Wüste. Die Kinder beginnen damit, sich durch die drei Felder zu bewegen. Dabei kommt es besonders darauf an, den Wechsel von einem Feld zum nächsten deutlich zu machen. Die Bewegungen können wiederum durch eine Bewegungsbegleitung unterstützt werden.

Vertiefungsmöglichkeiten

Rollen

In der Halle liegen verschiedene Mattenbahnen und Weichböden. Die Kinder üben auf Ansage der Übungsleiterin und je nach Könnensstand unterschiedliche Formen des Rollens, z.B. Rückenschaukel, Schweinerolle (Fußsohlen gegeneinander stellen, Fußgelenke umfassen und über den Rücken zur anderen Seite rollen), Rolle vorwärts, Rolle rückwärts, Rolle um die Längsachse, Judorolle, Flugrolle usw. Fortgeschrittene „Rollmöpse" können auch Rollen zu zweit ausprobieren, z.B. Parallelrollen, Flugrollen über einen Partner und durch seine gegrätschten Beine oder akrobatische Formen wie „Doppeldreh", „Überzug" oder „Raupe". Eine erste Übertragung auf das

Dreifelder-Spiel

Rollen

darstellende Spiel erfolgt mit dem Spiel *„Kugellabyrinth"*. Die Kinder liegen als Kugeln in einem Geschicklichkeitsspiel auf ein oder zwei Weichböden. Die Übungsleiterin streckt ihre Arme im rechten Winkel seitlich ab und gibt damit die räumliche Stellung des Geschicklichkeitsspiels an. Neigt sie sich z.B. nach links, kullern alle Kugeln an die linke Seite des Weichbodens, neigt sie sich schnell nach vorne, purzeln alle Hals über Kopf nach vorne, neigt sie sich ruckartig nach links, rollen alle ruckartig zur linken Seite.

Springen

Die Kinder gehen zu zweit zusammen. Der eine legt sich mit dem Bauch auf den Boden und streckt die Arme seitlich ab. Die andere springt vorsichtig über ihren Partner und probiert verschiedene Sprungvariationen aus. Bei fortgeschrittenen Springern können sich die Kinder, die am Boden liegen, auch *langsam* und *deutlich* bewegen. Voraussetzung für das Gelingen des Spiels ist allerdings, dass die Partner Verantwortung füreinander übernehmen.

Nach diesem spannenden Überspringen können weitere Sprungarten auf Ansage der Übungsleiterin erprobt werden, z.B. einbeinige und beidbeinige Sprünge, Weit- und Hochsprünge, Drehsprünge und Tiefsprünge, Sprünge über Hindernisse (Hindernisparcours) usw.

Anschließend gehen die Kinder zu viert zusammen und legen drei verschiedene Sprungarten fest. Drei *„Springteufel"* setzen sich in je einen Gymnastikreifen, der Vierte drückt einem beliebigen Springteufel auf den Kopf, woraufhin dieser auf seine Art aus dem „Kasten" springt. Je nach Lust und Laune können so verschiedene Springteufel aufgerufen werden.

Fallen

In der Halle liegen Matten bzw. eine Turnfläche. Auf Ansage der Übungsleiterin probieren die Kinder verschiedene Arten des Fallens aus, z.B. aus der Hocke, aus der Kniebeuge, aus dem Stand, mit Eindrehen, vorwärts oder rückwärts, mit Abschlagen (Judo), in Zeitlupe, mit Beinstellen, mit Stolpern, über einen Partner hinweg usw.

Anschließend gehen die Kinder zu fünft oder sechst zusammen, einigen sich auf eine „Fallart" und üben das parallele Fallen auf ein Signal hin. Jede Gruppe kann zwei oder drei Signale und Fallarten vereinbaren, was die anschließende Präsentation variantenreicher und lustiger macht. Eine andere Möglichkeit besteht darin, dass die Gruppen einen bestimmten „Fallrhythmus" entwickeln, d.h. die Kinder fallen nacheinander – immer in der gleichen Reihenfolge und im gleichen Rhythmus – um. Der Fallrhythmus ist schwieriger als das gemeinsame Umfallen, wirkt aber oft sehr komisch.

Zum Abschluss kann eine Spielszene entwickelt werden, in der die Personen unter „Fallsucht" leiden oder „Fallobst" darstellen.

Stolpern, Taumeln, Schlagen

Die Kinder üben zunächst das *Stolpern*. Dazu wird ein flaches Podest aus einem Kastenteil oder zwei übereinander gelegten Turnmatten gebaut, über das die Kinder als Clowns hintereinander weg

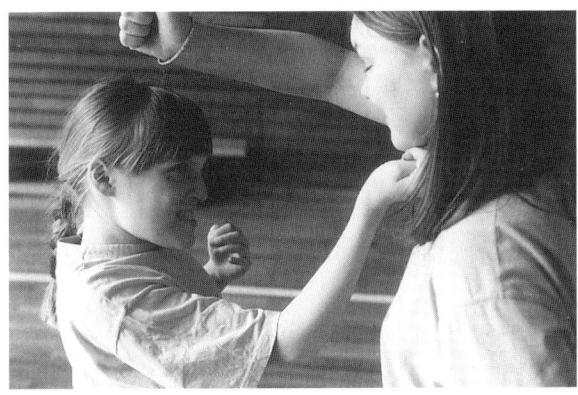

Schlagen ... und Taumeln

gehen. Beim Tritt „ins Leere" hält der Fuß jeweils kurz inne, um dann tiefer als erwartet den Boden zu berühren, wodurch man leicht ins Stolpern gerät. Anschließend probieren die Kinder den Stolperschritt ohne Podest. Wie vorher wird der Fuß kurz in der Luft fixiert, um dann den gesamten Körper ins Stolpern zu bringen.

Als zweite Clownstechnik wird das Taumeln geübt. Die Kinder gehen zu zweit zusammen. Der eine hält den Kopf der anderen so fest, dass er relativ ruhig bleibt – sozusagen in der Luft fixiert –, während der Körper darunter hin- und herschlingert. Anschließend probieren die Clowns das Taumeln ohne Unterstützung eines Partners; auch hier muss der Kopf weitgehend bewegungslos stehen bleiben.

Zum Abschluss üben die Clowns das *Schlagen*. Es bieten sich zunächst Zeitlupen- oder Schattenkämpfe zu zweit an, wobei der Partner auf einen imaginären Treffer jeweils „riesig" reagiert. Wie im Comic können die Schläge mit dumpfen Geräuschen unterstützt werden.

Die Wand

Die Kinder üben zunächst an einem großen Kasten oder an einer „echten" Wand das vorsichtige Tasten. Die Handflächen werden dabei leicht gewölbt aufgesetzt und drücken sich dann flach gegen die Wand. Anschließend probieren die Kinder dieselbe Bewegung mit fünf Zentimetern Abstand von der Wand in der Luft. Wiederum sind die Handflächen zunächst leicht gewölbt, bevor sie sich flach an die (imaginäre) Wand drücken.

Im Folgenden gehen die Kinder zu zweit zusammen und üben das Tasten gegenüber als Spiegelspiel, was den Vorteil hat, dass sie sich gegenseitig korrigieren können. Die Handflächen berühren sich dabei jedoch nicht. Die Kinder können nicht nur Wände tasten, sondern z.B. auch Ecken, Löcher und Kanten.

Schließlich gehen sie zu dritt zusammen und begeben sich auf den Weg durch ein imaginäres „Tast-Labyrinth", z.B. durch einen dunklen Geheimtunnel in einer alten Burg. Die Atmosphäre kann durch eine entsprechend gruselige Musik unterstützt werden.

Wichtig ist bei dieser Übung, dass alle drei Tunnelforscher jeweils auf einer Ebene tasten, auch wenn sie natürlich vielfältige Wandformen entdecken.

Die Wand tasten.

Gestaltungsmöglichkeiten

Total von der Rolle

Die Stunde beginnt mit einem *Mattenlauf,* bei dem bereits erste Elemente des Rollens ausprobiert werden. Anschließend beschäftigen sich die Kinder mit Möglichkeiten des Rollens um verschiedene Körperachsen, je nach Fähigkeit auch mit schwierigeren Formen zu zweit. Die Brücke zum darstellenden Spiel wird mit dem *„Kugellabyrinth"* geschlagen, indem die Kinder als Kugeln in einem Geschicklichkeitsspiel agieren. Für kleine Kinder kann die Stunde damit beendet werden.

Größeren Kindern kann man noch eine Spielaufgabe stellen, wobei zunächst alltägliche Gegenstände bzw. Situationen des Rollens gesammelt werden, z.B. Murmeln oder Fußbälle, Räder oder Transportbänder oder im übertragenen Sinn Schauspielrollen oder gesellschaftliche Rollen. Eine Spielszene könnte dementsprechend auf einer Murmelbahn, beim Paket-transportdienst oder in einem Theater spielen.

Weltmeisterschaft im Krummsprung

Mit dem Spiel *Popcorn* stimmen sich die Kinder auf die Sprungstunde ein. Es folgen verschiedene Spiele und Übungen zum Springen, z.B. das Überspringen eines Partners oder verschiedene Sprungvarianten. Mit dem *„Springteufel"* werden die motorischen Elemente des Springens auf das darstellende Spiel übertragen. In der anschließenden Spielaufgabe werden alltägliche Gegebenheiten des Springens zum Anlass für eine Theaterszene genommen.

So können z.B. Presslufthämmer nach der Arbeit auf einen Ausflug springen, Silvesterraketen einen Frühstart haben oder verrückte Sportler die Weltmeisterschaft im Krummsprung aus-richten. Im übertragenen Sinne kann man auch über sei-nen Schatten sprin-

Weltmeisterschaft im Krummsprung

gen, dem springenden Punkt auf der Spur sein oder einen Sprung in der Schüssel haben. Vielleicht wird nach der Präsentation der Spielszenen noch eine entspannende Wadenmassage im Kreis durchgeführt, bei der jeder seinem Nachbarn die Unterschenkel durchknetet.

Clowns erobern die Stadt

Die Stunde beginnt mit der *Begrüßung der Clowns*. Anschließend folgen verschiedene Übungen und Spielformen zum *Stolpern, Taumeln* und *Schlagen,* in denen typische Clownsbewegungen geübt werden. Clowns machen alle Bewegungen übertrieben groß und „laut" – sie machen aus einer Mücke einen Elefanten!

Die Übungen sind normalerweise schon sehr lustig, sodass man schnell ins szenische Spiel kommt. Eine Möglichkeit besteht darin, einen *Auftritt der Clowns* zu entwickeln, in dem alles schief läuft, vom Einmarsch (mit Stolpern), über das Verbeugen (mit dem Zusammenstoß der Köpfe nebst anschließendem Taumeln) bis zum unvermeidlichen Streit (einschließlich der ebenso unvermeidlichen Schlägerei) – alles natürlich lautstark von Geräuschen unterstützt.

Eine andere Spielaufgabe schickt die Clowns in Alltagssituationen, z.B. zum Brötchenkaufen, zum Haareschneiden oder in den Sportunterricht. Natürlich klappt auch hier nichts so, wie es soll!

Beobachtungsschwerpunkte/Hilfen

- Sich pro Unterrichtsstunde auf eine Bewegungs- oder Darstellungstechnik beschränken.
- Zur Sammlung von „Spielmaterial" klare Bewegungsanweisungen geben.
- Einfache Techniken auswählen, diese aber auch üben lassen und korrigieren.
- Die Darstellung imaginärer Gegenstände und Räume zuerst konkret, dann pantomimisch üben.
- Möglichkeiten zum Austoben schaffen, nach Übungsphasen Abwechslung und Entspannung anbieten.
- Bei Techniken mit großer Körperspannung das Ausatmen nicht vergessen.
- Geräusche unterstützen das Üben und sind oft lustig.
- Den Sinn des Übens erklären und bei gelungener Abschlusspräsentation darauf hinweisen.

Stundenbeispiel
„Immer an der Wand lang!" – Spielen mit einer Darstellungs-technik

Pantomimische Techniken sind oft sehr eindrucksvoll, weshalb sie auch für Kinder interessant sind. Allerdings erfordern sie eine gewisse Übung, bevor sie ihre Wirkung auf das Publikum entfalten. Gruppen, die bereit sind, ein wenig Konzentration und Übung auf sich zu nehmen, können einfache Techniken trotzdem relativ schnell erlernen, zumal wenn sie – wie im folgenden Stundenbeispiel – in einen Spielzusammenhang eingebunden sind.

Die Stunde beginnt mit dem *Dreifelder-Spiel,* in dem erste Erfahrungen mit dem Darstellen imaginärer Räume gesammelt werden. Zur Markierung der Felder und auch später für (unsichtbare) Wände kann Klebeband benutzt werden, falls keine Linien auf dem Hallenboden vorhanden sind. Es folgen Spielformen zur pantomimischen Technik der *Wand,* die zunächst alleine, dann in Zweier- und Dreiergruppen geübt wird.

Zur Einführung einer weiteren Variante, aber auch um etwas Abwechslung in das konzentrierte Tun zu bringen, kann man mit allen Kindern zusammen eine imaginäre *Wand verschieben.*

Dazu stellen sich die Kinder an einer Linie auf, tasten wie vorher geübt eine imaginäre Wand in Brusthöhe und beginnen dann aus Leibeskräften (pantomimisch) zu schieben. Die Hände bleiben dabei zunächst fixiert, nur der Brustkorb wölbt sich vor Anstrengung vor und zurück. Schließlich gelingt es der Gruppe, die Wand quer durch die Halle zu schieben. Oder fällt sie vielleicht doch um?

In der darauf folgenden Spielaufgabe geht es darum, die Technik der Wand in eine Spielszene einzubauen. Zu dritt oder viert begeben sich die Kinder auf Schatzsuche, z.B. als Einbrecher, Ägyptenforscher oder Raubritter. In dunklen Kellergewölben gibt es vielerlei Wände abzutasten, bevor der Schatz gefunden wird. Die Ergebnisse werden abschließend präsentiert und ausgewertet.

Im Geheimgang

Die Wand schieben.

Phase/Zeit	Gedanken/ Absichten	Inhalt/Lern- und Organisationsformen	Materialien/ Medien
Einstimmung 10 min	Aufwärmen; Vorstellen und Darstellen verschiedener Räume	*Dreifelder-Spiel* • Bewegen nach räumlichen Vorstellungen • Wechsel zwischen drei Feldern	Handtrommel, evtl. Klebeband
Vorbereitung 15 min	Kennenlernen und Üben einer Darstellungstechnik; Zusammenspiel in der Gruppe	*Die Wand* • Üben an der Wand und im Abstand von 5 cm • Zu 2.: Spiegelspiel mit Wand • Zu 3.: Ertasten eines „Geheimgangs"	Wand oder große Kästen, Musikbox, *L'abime* (René Aubry)
Variation 10 min	Sammeln von Spielideen; Kooperation	*Wand schieben* • Alle: Pantomimisches Schieben	evtl. Klebeband
Spielaufgabe 10 min	Entwickeln einer Spielidee; Zusammenarbeit in der Gruppe	*Immer an der Wand lang!* • Zu 3./4.: Schatzsuche • Einbezug der Spielfunktionen	evtl. große Kästen; Klebeband
Präsentation 15 min	Zeigen der Spielszenen; Reflexion	*Vorspielen und Besprechen* • Präsentation der Ergebnisse mit anschließender Auswertung	./.

5.8 Musik und Tanz

In diesem Kapitel geht es um Bewegungs-, Spiel- und Ausdrucksmöglichkeiten mit besonderem Bezug zu Musik und Tanz. Dazu gehören Sprech-, Sing- und Klatschspiele, wie z.B. Abzählreime, Spiellieder oder Kreisspiele, Spielformen aus dem Bereich des Kindertanzes, wie z.B. Tanzspiele, bildhafte Tänze oder festgelegte Abfolgen und aktuelle Tanzstile, wie z.B. Jazz, Modern oder Hip-Hop.

Darüber hinaus können Spielformen und Übungen mit der Stimme, wie z.B. Übungen aus der Stimmbildung, Geräuschimprovisationen oder Comicsprache aufgegriffen werden. Besondere Verknüpfungsmöglichkeiten bestehen mit den Themen *Spielideen und Handlungsthemen* (vgl. Kap. 5.2), *Partner und Gruppe* (vgl. Kap. 5.4) sowie *Objekte und Materialien* (vgl. Kap. 5.5). Weiterführende Hinweise zur Arbeit mit Musik und Tanz finden sich u.a. bei GEBHARD/KUGLER 1979, ZIMMER 1988 und KRÜGER 1995.

Einstiegsmöglichkeiten

Pepperbillies

Die Pepperbillies ist ein einfaches Sprech- bzw. Singspiel, bei dem der Text durch Bewegungen unterstützt wird:

Viertel vor sieben (auf die Armbanduhr zeigen), *unten auf der Straße* (zum Boden zeigen), *stehen die Pepperbillies* (auf der Stelle gehen), *all' in einer Reihe* (mit den Händen eine Reihe zeigen) – *kommen die Schaffner* (auf der Stelle trampeln), *drehen an dem Rädchen* (ein imaginäres Rad drehen), *huh-huh* (an einer Strippe ziehen), *sch-sch* (entgegengesetzte Bewegung nach oben schieben), *schon sind sie vorbei!* (Hand an die Stirn legen und hinterherschauen).

Die Melodie kann beliebig gestaltet werden; normalerweise reichen drei oder vier Töne aus. Eine Variante der üblichen Klatsch- und Zeigespiele besteht darin, die kleinen Bewegungen mit dem ganzen Körper zu spielen. So können die Pepperbillies z.B. wirklich in einer Reihe stehen, einige Schaffner kommen und drehen ein riesiges Rad, oder alle ziehen (pantomimisch) an einem langen Seil.

Der kleine Wirbelwind

Die Kinder stehen kreuz und quer verteilt in der Halle und machen mit ihren Armen verschiedene „Henkel". Ein Kind – der kleine Wirbelwind – saust zwischen ihnen hindurch, umkreist den einen oder anderen, fährt schließlich mit seinem Arm in einen der Henkel und wirbelt den Partner im Kreis herum. Dadurch kommt dieser in Bewegung und wird nun selbst zum Wirbelwind.

Im Folgenden sausen zwei Kinder durch die Halle und suchen sich einen Partner, den sie in Bewegung bringen. So wirbelt schließlich die ganze Gruppe durch die Halle. Eine Variante besteht darin, dass die Hälfte der Gruppe in der Halle steht und einen Henkel bildet, während die andere Hälfte umherwirbelt. Wenn ein Wirbelwind ein anderes Kind in Bewegung gebracht hat, bleibt er selbst stehen und bildet seinerseits einen Henkel.

So gibt es zwischendurch für jeden eine kleine Erholungspause. Das Wirbeln und Sausen kann durch eine Windmusik oder eine Bewegungsbegleitung unterstützt werden.

Saus und Braus

Die Kinder sausen zu einer Bewegungsbegleitung durch die Halle. Die Übungsleiterin schlägt verschiedene Arten des Sausens vor, z.B. möglichst schief, möglichst gerade, möglichst hoch, möglichst tief, möglichst schnell, möglichst langsam usw.

Unkonventionelle Fortbewegungsarten können durch Aufgaben, wie z.B. die Knie möglichst hoch, die Hände möglichst tief, den Po möglichst höher als die Schultern oder den Kopf möglichst tiefer als einen Fuß angeregt werden. Wenn dabei das Sausen etwas in Vergessenheit gerät, ist das nicht schlimm. Immerhin kommt der „Körper" durch diese Aufgaben auf neue Ideen – und nebenbei entsteht eine individuelle Aufwärmgymnastik.

Mit Saus und Braus

Einzelne Aufgabenlösungen können von der Übungsleiterin herausgestellt und von allen Kindern ausprobiert werden. Außerdem kann die Bewegung von den Kindern mit passenden Geräuschen begleitet werden, sodass zum Sausen auch das Brausen hinzukommt.

Stimmenfang

Die Gruppe wird zweigeteilt. Jedes Team bekommt ein Spielfeld, das durch eine Mittellinie vom Feld der anderen Mannschaft getrennt ist.

Beide Teams versuchen, Mitglieder der anderen Gruppe in ihr Feld zu ziehen. Dabei sind alle fairen Mittel erlaubt, z.B. kitzeln, schieben oder mit mehreren einen Gegner tragen. Solange man sich im Spielfeld der anderen Mannschaft befindet, muss man allerdings einen Summton von sich geben. Wenn einem die Luft ausgeht, d.h. wenn man nicht mehr summt, während man sich noch im gegnerischen Feld befindet, gehört man automatisch dem anderen Team an. Die Gegner können also nur solange ins eigene Feld befördert werden, wie man ununterbrochen summen kann.

Das Spiel erfordert eine Menge „Puste" und kann nur gelingen, wenn eine Mannschaft gut zusammenarbeitet. Durch den häufigen Teamwechsel wird der Wettkampfcharakter „entschärft" und letztlich nebensächlich.

Mützentanz

Zu einer anregenden Musik bewegen sich die Kinder frei im Raum. Ein Kind hat eine Mütze auf, die anderen Kinder versuchen, seine Bewegungen genau nachzumachen. Der „Vortänzer" bzw. die „Vortänzerin" wechselt, indem die Mütze weitergegeben wird. Die Kinder bekommen zunächst keine Bewegungsvorgaben, sondern können frei improvisieren.

In einem zweiten Durchgang werden bildhafte Bewegungsqualitäten vorgeschlagen, z.B. tanzen wie ein dicker Mann, wie eine alte Frau oder wie ein müdes Kind, tanzen wie ein Tiger, wie ein Roboter oder wie eine Balletttänzerin, tanzen wie ein Wackelpudding, wie eine Zitronenlimonade oder wie ein Kaugummi.

Meistens entwickeln die Kinder schnell eigene Vorstellungen, wie bzw. als was sie tanzen können. Je ungewöhnlicher die Aufgabenstellung, umso sicherer kann man sein, dass die Kinder sich von üblichen Bewegungsklischees lösen.

Vertiefungsmöglichkeiten

Windgeschichten

Die Übungsleiterin erzählt eine Bewegungsgeschichte zum Thema „Wind". Die Kinder sind darin Papierschnipsel, die je nach dem, wie der Wind weht, umhergepustet werden. Zuerst liegen sie auf dem Boden. Es weht nur eine leichte Brise; die Kinder bewegen nur einzelne Körperteile. Dann wird der Wind stärker; die Papierschnipsel beginnen hin- und herzurollen. Der zunehmende Wind zieht sie in die Höhe, aber noch sinken die Papierschnipsel immer wieder zu Boden. Schließlich kommt ein Sturm auf, der die Kinder umherwirbelt und von einer Hallenecke zur anderen pustet. Aber zum Glück flaut der Sturm irgendwann wieder ab und die Papierschnipsel schweben sachte zum Boden zurück.

Eine andere Zugangsmöglichkeit zum Thema „Wind" ist das Experimentieren mit Materialen, z.B. mit „echten" Papierschnipseln, Jongliertüchern oder Windmühlen. Nach einer Phase des freien Ausprobierens kann auch hier eine Bewegungsgeschichte erzählt werden, die die Materialien in Bewegung bringt.

Hexenkessel

In der Mitte der Halle steht ein imaginärer Hexenkessel. Die Übungsleiterin fragt die Gruppe, was in so einen Kessel alles hineingehört (Regenwürmer, Spinnenbeine, Wurzelkraut usw.). Die „Hexen" schwärmen aus, um die unterschiedlichen Zutaten herbeizuholen.

Hexenkessel

Anschließend treffen sie sich am Kessel wieder und bringen ihre „Suppe" mit einer gemeinsamen Geräuschimprovisation zum Kochen. Dafür setzen sich die Kinder im Kreis auf den Boden und schließen die Augen. Langsam beginnt es im Kesseln zu zischeln und zu köcheln, zu wabbern und zu blubbern. Nach und nach wird die „Geräuschsuppe" immer lauter (und heißer), bis sie irgendwann langsam wieder leiser (und kälter) wird und das Zischeln ganz erstirbt.

So eingestimmt wird eine Hexenmusik eingespielt, zu der sich die Hexen frei bewegen können. Die Übungsleiterin beobachtet die Ideen, die durch diese Tanzanregung entstehen.

Stimmungsvoll

Die Kinder bewegen sich frei im Raum und begleiten sich dabei mit eigenen Geräuschen. Wenn die Übungsleiterin das „Geräuscheln" vormacht, entwickelt sich schnell eine „stimmungsvolle" Atmosphäre in der Halle.

So können z.B. kurze, abgehackte Bewegungen mit einen „Scht", „Zckck" oder „Fffft", lang gezogene Bewegungen mit einem „Ssssmmmmm" oder „Boooooooom" und wellenförmige Bewegungen mit einem „Wawawawawawa" unterlegt werden. Anschließend gehen die Kinder zu zweit zusammen. Während der eine Partner sich bewegt, begleitet seine Partnerin ihn mit Geräuschen. In einem zweiten Schritt gibt die Partnerin „den Ton an", d.h. der Partner versucht, sich nach ihren Geräuschen zu bewegen.

Nachdem die Rollen gewechselt wurden, finden sich die Kinder in Vierer- oder Fünfergruppen zusammen und stellen sich in einer lockeren Kreisform auf. In der Mitte bewegt sich ein Freiwilliger, während die anderen Gruppenmitglieder versuchen, ihn mit Geräuschen zu begleiten.

Hüpfmotive

Bewegungs- oder Tanzmotive können unterschiedlichste Bewegungsformen betreffen. Der Kern eines Bewegungsmotivs liegt in einer wiederholbaren Abfolge möglichst klar festgelegter Bewegungen.

Ein einfacher Weg, zu einer kleinen Abfolge im Hüpfen zu gelangen, ist der Einstieg über ein Spiel. Die Kinder gehen in Gruppen zu dritt oder viert zusammen und probieren verschiedene Hüpffolgen aus. Zur besseren Orientierung können „Hüpfekästchen", Teppichfliesen oder Gymnastikreifen am Boden dienen. Ein Kind macht jeweils eine Abfolge vor, die anderen versuchen, sie nachzumachen.

Ein Hüpfmotiv könnte z.B. so aussehen: *links – links* (vor), *rechts – rechts* (vor), *Stand* (beide Füße parallel, leichte Grätsche), *halbe Drehung* (Stand), *links – rechts – links – rechts* (vor) – *Stand* (beide Füße parallel, leichte Grätsche).

Die Gruppe einigt sich schließlich auf ein Motiv und übt es gemeinsam ohne Bodenmarkierung ein. Anschließend wird eine passende Musik (4/4-Takt) eingespielt und die Kinder probieren ihre Hüpffolge dazu aus.

Hüpfmotive

Bounce & Isolation

Einfache Elemente des Hip-Hop sind vielen größeren Kindern bekannt. Dazu gehören der „Bounce" – das schnelle Federn in den Knien, mit dem alle Bewegungen unterlegt werden – und die isolierte Bewegung einzelner Körperteile, z.B. der Schultern, des Brustkorbs, der Arme oder der Hände.

Die Kinder stellen sich zunächst im Kreis auf und wippen zu einer Hip-Hop-Musik bzw. zu einem Rap in den Knien. Die Übungsleiterin greift den Grundschritt – das Aufsetzen des Fußes mit anschließendem leichten Zurückrutschen – auf; die Kinder versuchen mitzumachen. Wenn sie das „Bouncing" beherrschen, werden reihum verschiedene isolierte Bewegungen vorgemacht, die die Gruppe jeweils nachmacht.

Anschließend gehen die Kinder in Vierer- oder Fünfergruppen zusammen und entwickeln auf der Basis des Grundschritts eine kleine Abfolge verschiedener Isolationsbewegungen. Dabei können auch die Fronten gewechselt werden. Insgesamt sollte die Abfolge nicht länger als sechzehn Zählzeiten (vier Takte) sein.

Gestaltungsmöglichkeiten

Windtänze

Die Stunde beginnt mit dem Spiel *Der kleine Wirbelwind*. So eingestimmt werden im Folgenden *Windgeschichten* mit oder ohne Materialien ausprobiert. Nachdem die Kinder so verschiedene Bewegungserfahrungen und Spielideen zum Thema „Wind" gesammelt haben, können musikalische Formen hinzugenommen werden.

Am eindrucksvollsten ist eine Bewegungsbegleitung auf einem Xylophon oder einem Klavier, aber auch Rhythmusinstrumente wie Handtrommeln, Rasseln oder Schellen können verwendet werden. Entscheidend ist, dass die „Geschichte des Windes" jetzt nicht mehr mit Worten, sondern mit Musik erzählt wird.

Da wehen laue Lüftchen, da werden die Papierschnipsel hoch- und runtergezogen, da wirbelt ein Sturm die Kinder durch die Halle. Zum Abschluss liegen die Papierschnipsel wieder auf dem Boden und die Übungsleiterin streicht mit einem weichen Tuch über sie hinweg, sodass sie den entspannenden, leisen Lufthauch spüren.

Stimmungswechsel

Mit dem Spiel *Stimmenfang* beginnt die Stunde recht rasant. Anschließend geht es *Stimmungsvoll* weiter, indem einige Experimente zur Bewegungsbegleitung mit der eigenen Stimme durchgeführt werden.

Das letzte Experiment findet in Vierer- bzw. Fünfergruppen statt und leitet zum Festlegen eines kleinen „Stimmungswechsels" über. Dabei begleiten die Kinder zwei unterschiedliche Fortbewegungsarten jeweils mit einem charakteristischen Geräusch bzw. Ton. Die Fortbewegungsarten sollen eine bestimmte Stimmung aufgreifen, z.B. traurig gehen, beschwingt laufen oder müde schlendern.

Die Stimmungswechsel werden vorgeführt und anschließend geht es in einer Spielaufgabe darum, diese oder ähnliche, stimmlich begleitete Bewegungen in eine Spielszene einzubauen. Mögliche Themen ergeben sich aus Alltagssituationen, z.B. Kinder in der U-Bahn, Verkäuferinnen bei der Arbeit oder Väter beim Einkaufen. Als Ausgangspunkt der Spielszene kann auch hier ein Stimmungswechsel dienen.

Hip oder Hop?

Die Kinder stimmen sich mit dem *Mützentanz* auf die Stunde ein. Dabei kann bereits ein Rap gespielt werden, sodass sie erste Ideen fürs Hip-Hop-Tanzen sammeln können. Danach geht es um *Bounce & Isolation.* Die technischen Elemente des Hip-Hop werden als Ausgangspunkt für das eigene Tanzen genommen; Perfektion wird nicht verlangt! Eine Abfolge, die die Kinder in Vierer- oder Fünfergruppen entwickeln, wird vorgeführt.

Anschließend überlegen die Gruppen, wie sie ihren Tanz in eine Spielszene einbinden können. Als typischer Straßentanz bietet Hip-Hop die Möglichkeit von Straßenszenen. Die Kinder sollten aber ermutigt werden, eigene Spielzusammenhänge zu entwerfen.

So könnte der Tanz z.B. ein Ausdruck der Freude sein, weil die Schule ausfällt. Er könnte im Rahmen einer „Fete" gezeigt werden. Oder er könnte als „Kontrastprogramm" zu üblichen Kindertänzen auf einem Vereinsfest stattfinden. Zum Abschluss der Stunde tanzen die Kinder frei zur Hip-Hop-Musik.

Beobachtungsschwerpunkte/Hilfen

- Bekannte Sprech-, Sing- und Klatschspiele aufgreifen und variieren.
- Bewegungs- und Tanzformen mit Hilfe der Gestaltungskriterien Raum, Zeit, Form, Dynamik variieren.
- Aufgabenstellungen eingrenzen; nicht zu viel „frei" improvisieren.
- Stimmungen und Gefühle in Bewegung „übersetzen"; Motive aus der Bewegung entwickeln.
- Bewegungsfolgen einfach und kurz machen.
- Selbst gemachte Musik bzw. Bewegungsbegleitung schafft Atmosphäre.
- Kinder vorab bitten, eigene Musik mitzubringen.
- Bekannte Tanzformen aus den Medien aufgreifen, die Kinder aber ermutigen, eigene Tänze daraus zu machen.

Stundenbeispiel „Hexentänze" – Spielen mit Musik und Tanz

Hexen gelten von jeher als tanzfreudig. Kinder übernehmen gerne die Rolle der frechen, aber doch freundlichen Hexe. Sollten einige Jungen Schwierigkeiten mit der weiblichen Rolle haben, so können gerne auch ein paar Monster, Vampire oder Gespenster an der Stunde teilnehmen. – Das Stundenbeispiel beginnt mit *Saus und Braus*; die Hexen sausen dabei durch die Luft und entwickeln erste ungewöhnliche Fortbewegungsarten.

Hexentänze

Anschließend wird ein *Hexenkessel* in die Halle gestellt, für den zunächst die entsprechenden Zutaten gesammelt werden, der dann in einer Geräuschimprovisationen zum Kochen gebracht wird und um den schließlich zu einer Hexenmusik frei improvisiert wird.

Um den Hexenzauber in gewisse Bahnen zu lenken, wird danach ein kleines Bewegungsmotiv eingeführt: Auf drei seitliche Schritte folgt das Anheben eines Knies, wobei gleichzeitig die gespreizten Hände einen Halbkreis vor dem Gesicht beschreiben („1-2-3 – huh").

Dieser einfache *Hexentanz* wird zuerst ohne, dann mit Musik geübt und schließlich frei im Raum ausprobiert. Danach finden sich die Hexen in Vierer- oder Fünfergruppen zusammen, die auf der Basis des Grundmotivs ein eigenes Tanzmotiv für eine bestimmte, natürlich streng geheime Hexenfamilie entwickeln sollen. Die Übungsleiterin schlägt ihnen z.B. Gewitterhexen, Dunkelhexen, Nebelhexen, Kicherhexen oder Knabberhexen vor. Zum abschließenden *Hexenfest* kommen die Hexen aus verschiedenen Ecken der Halle zum „Kessel" und tanzen gemeinsam zur Musik. Dabei benutzt jede Hexenfamilie ihr eigenes Motiv. Wer weiß, was aus diesem „Hexensabbat" entsteht?

Anschließend setzen sich die Hexen um den Kessel und raten, aus welcher Hexenfamilie die anderen Hexen kamen. Eine kurze Reflexion des Erlebten beschließt die Hexentanzstunde.

Phase/Zeit	Gedanken/ Absichten	Inhalt/Lern- und Organisationsformen	Materialien/ Medien
Einstim- mung 10 min	Aufwärmen; Entwickeln unkonven- tioneller Fortbewe- gungsarten	*Saus und Braus* • Sausen durch die Halle • Unkonventionelle Bewe- gungsaufgaben	Handtrommel o.ä.
Vorberei- tung 15 min	Einstimmung auf den Hexen- tanz; Gruppen- erlebnis -	*Hexenkessel* • Sammeln für den Hexen- kessel • Geräuschimprovisation • Freies Tanzen	Musikbox, *La forêt vierge* (Guem & Zaka)
Erweiterung 15 min	Kennenlernen und Anwenden eines Bewe- gungsmotivs; Anpassung an eine Musik	*Hexentanz* • Motiv lernen: 1, 2, 3 – huh! • Motiv anwenden auf Musik • Improvisieren mit dem Motiv	./.
Tanzauf- gabe 10 min	Entwickeln ei- nes eigenen Tanzmotivs; Zusammenar- beit in der Gruppe	*Gewitterhexen, Dunkelhexen ...* • Abwandlung des Motivs nach einer bildhaften Vor- gabe	./.
Ausklang 10 min	Präsentation eines Motivs; Kennenlernen der anderen Motive; Grup- penerlebnis	*Hexenfest* • Anwenden des eigenen Mo- tivs in einem gemeinsamen Tanz • Erraten der anderen Hexen- familien	./.

6 Projekte

Spielformen und Übungen der kreativen Bewegungserziehung haben ihren Platz in der normalen Übungsstunde. Sie bieten vielfältige Ansatzpunkte zur Auflockerung des üblichen Turn- oder Sportunterrichts und können dazu dienen, ein bekanntes Thema einmal von einer unbekannten Seite anzugehen.

Sie können aber auch im Rahmen einer fortlaufenden Gruppe oder eines längerfristigen Projekts, z.B. in einem Kurs oder in einer AG, angeboten werden. Neben dem Spielen und Improvisieren kommt dabei auch dem Gestalten und Inszenieren eine besondere Bedeutung zu, vor allem, wenn am Ende des Projekts eine Aufführung stehen soll. Ganz gleich, wie wichtig diese Aufführung genommen wird, ausschlaggebend ist immer der kreative Prozess.

So entwickeln sich auch Projektthemen im Allgemeinen erst im Verlauf der gemeinsamen Arbeit. Gleichwohl können Projekte von Anfang an eine bestimmte Idee verfolgen, z.B. die Vorstellung einer Turnhalle bei Mitternacht oder das Leben in einem Urwald.

6.1 Projektunterricht

Im Verlauf von Projekten können verschiedene Phasen unterschieden werden. Zu Beginn sind die Übungsstunden sehr spielerisch und vielfältig. Mit der Zeit wird der Unterricht jedoch zielgerichteter und wenn zum Abschluss des Projekts eine Aufführung geplant ist, muss am Ende geprobt werden.

Im Gegensatz zur klassischen Theaterarbeit gibt es in der kreativen Bewegungserziehung aber kein fertiges Stück, das von den Kindern eingeübt wird, sondern die Aufführung entwickelt sich immer aus dem gemeinsamen Spiel. Für die Übungsleiterinnen und Kinder bedeutet das, dass sie zu Beginn der Arbeit nicht wissen, was am Ende dabei herauskommt.

Diese Unsicherheit ist nicht immer leicht auszuhalten, sie garantiert jedoch, dass die Kinder ihr eigenes, speziell auf sie zugeschnittenes Stück zeigen und nicht den „Abklatsch" einer perfekten Profiaufführung. Die Spielfreude, die Begeisterung und der Stolz der Kinder rechtfertigen dieses offene Vorgehen allemal!

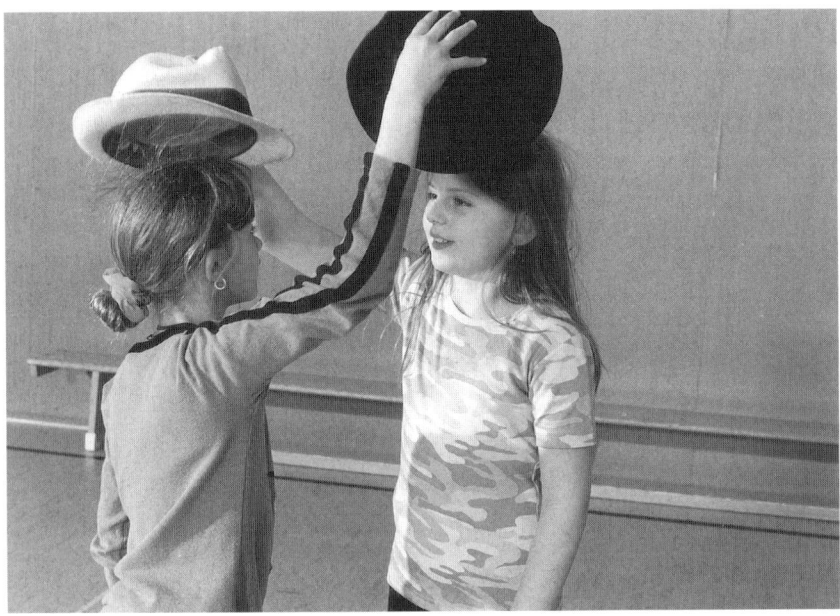

Projekt „Hüte"

Für ein Projekt mit Kindern bietet sich eine Aufteilung in drei Phasen an (vgl. Kasten, S. 180). In der ersten Phase, dem *Spielen mit Bewegung* geht es darum, das Interesse der Kinder für die kreative Bewegungserziehung zu wecken.

Vielfältige Aufgabenstellungen und Inhalte ermöglichen neue Bewegungserfahrungen, unkonventionelle Bewegungs- und Spielaufgaben regen die Kreativität an. Fähigkeiten und Fertigkeiten, aber auch bestimmte Kenntnisse über das „Theater mit der Bewegung" ergeben sich in konkreten Spielsituationen. Das Vorspielen von eigenen Spieleinfällen übt die Präsentationsfähigkeit und steigert die Motivation.

In der zweiten Phase, dem *Spielen mit einer konkreten Spielidee*, entstehen ausgehend von den gemeinsamen Erfahrungen im Projekt erste Szenen der geplanten Aufführung. Der genaue Programmablauf steht noch nicht fest und auch die Spielidee entwickelt sich erst über das gemeinsame Tun. Einzelne Szenen werden jedoch festgelegt und damit wiederholbar gemacht, d.h. die Zuschauerperspektive wird bewusst miteinbezogen.

Projekt „Hüte"

Die ersten beiden Phasen nehmen den größten Teil eines Bewegungstheaterprojekts ein und sind ausdrücklich unterrichtsorientiert. Erst die dritte Phase, die *Gestaltung des Spielstücks*, ist als Probenarbeit im engeren Sinne zu verstehen.

Hier werden die zunächst lose entwickelten Spielszenen in einen übergeordneten Zusammenhang gebracht. Übergänge werden gefunden, Feinheiten wie Gestik und Mimik herausgearbeitet, Kostüme und Dekorationen besprochen, Sonderaufgaben verteilt. Nach und nach wird der gesamte Ablauf festgelegt und geprobt, sodass alle Beteiligten ihre Aufgaben genau kennen.

Die Aufführung wird in so genannten „Durchlaufproben" vorbereitet, wobei der Ablauf noch unterbrochen, kommentiert und verändert werden kann. In der Generalprobe wird das Spielstück wie bei der Aufführung ohne Unterbrechung durchgespielt.

Im Theater werden darüber hinaus z.B. Technik-, Licht- und Stellproben unterschieden, die allerdings im Rahmen der kreativen Bewegungserziehung zumeist nicht nötig sind.

„WohlbeHütet!?"–
Beispiel für ein Bewegungstheaterprojekt mit Kindern

Als Projektbeispiel wird das Spiel mit Hüten gewählt (vgl. Kap. 5.5). Hüte sind bekannte Alltagsgegenstände, die – sofern sie nicht zu vornehm sind! – vielfach verwendet werden können. Man kann sie z.b. werfen und fangen, verfremden und verzaubern, zusammenknüllen und aufsetzen.

Das Projektbeispiel umfasst vierzehn Stunden, die sowohl im Rahmen einer Projektwoche als auch im Sinne eines fortlaufenden Projekts über mehrere Wochen durchgeführt werden können. Die Stundenbeispiele der ersten Phase sind den Spielanregungen entnommen (vgl. Kap. 5.1-5.8). In einer anschließenden Besprechung entscheidet sich die Gruppe für das Spiel mit Hüten. In der folgenden Projektphase dreht sich damit alles um das Thema „Hüte". Die Übungsleiterin ist nun gefordert, möglichst vielfältige Bewegungs- und Spielaufgaben zu diesem Thema zu finden. So stellt sie z.B. Aufgaben zum Hutwechsel, zum Verfremden von Hüten sowie zum Rhythmisieren und Typisieren mit Hüten. In der dritten Phase werden die mehr oder weniger festgelegten Hutszenen in eine Reihenfolge gebracht und für die abschließende Aufführung in Szene gesetzt.

1. Phase: Spielen mit Bewegung

1. Stunde – Wie bei Hempels unterm Sofa!? – Spielen mit einer Spielidee.
2. Stunde – Die verflixten Urlaubsfotos – Spielen mit der Körperspannung.
3. Stunde – Reife(n) Leistung!? – Spielen mit einem Objekt.
4. Stunde – Spieglein, Spieglein an der Wand – Spielen mit Partner und Kleingruppe.
5. Stunde – WohlbeHütet! – Spielen mit einem neuen Objekt.
6. Stunde – Hexentänze – Spielen mit Musik und Tanz; anschließend Besprechung.

2. Phase: Spielen mit einer konkreten Spielidee

7. Stunde – Auf der Hut – ab der Hut! – Spielszenen zum Hutwechsel.
8. Stunde – Mein Hut lebt – Spielszenen zum Verfremden von Hüten.
9. Stunde – Mein Hut, der hat drei Ecken – Spielszenen mit rhythmisierten Hüten.
10. Stunde –Typisch Hut – Spielszenen mit Huttypen.

3. Phase: Gestalten des Spielstücks

11. Stunde – Hut auf! – 1. Durchlaufprobe zum Hutstück.
12. Stunde – Hut fester auf! – 2. Durchlaufprobe zum Hutstück.
13. Stunde – WohlbeHütet!? – Generalprobe zum Hutstück.
14. Stunde – WohlbeHütet!! – Aufführung des Hutstücks.

6.2 Inszenierungskriterien

Für die Gestaltung von Spielszenen und Tänzen gibt es eine ganze Reihe von Kriterien, die einem bei der Arbeit helfen können. Im Rahmen von Improvisation und Gestaltung sind bereits die *Ausgangspunkte* sowie die *Gestaltungskriterien* Raum, Zeit, Form und Dynamik vorgestellt worden. Auch *Spielfunktionen, Spielstile* und *Übertragungsebenen* können wertvolle Hilfen für die Gestaltung eines Spielstücks geben (vgl. Kap. 4.2).

Während diese Kriterien hauptsächlich den Prozess einer Übungsstunde beeinflussen, beziehen sich die *Inszenierungskriterien* ausdrücklich auf das Ergebnis der kreativen Arbeit. Sie kommen daher vor allem in Probenphasen zum Einsatz.

Ein erster Grundsatz der Theaterarbeit lautet: „Das Publikum hat immer Recht." Wenn die Zuschauer etwas nicht verstehen, liegt es an der Art und Weise der Darstellung und nicht am Betrachter. Deshalb sollte die *Außenperspektive* in der Probenarbeit von Anfang an berücksichtigt werden. Hilfreich ist es, Außenstehende – z.B. Kolleginnen oder Eltern – um ihr Urteil zu bitten. Unbeteiligte sehen und verstehen Bewegungen und Spielhandlungen oft ganz anders als man selbst.

Bei der Entwicklung von Spielszenen sollte man grundsätzlich *von der Bewegung ausgehen.* Klare thematische Vorgaben und eng umrissene Aufgaben führen über das Spielen und Experimentieren mit der Bewegung zu unkonventionellen Einfällen, die dann festgehalten werden können (vgl. Kap. 6.1). Spielszenen, die im Kopf „konstruiert" werden, wirken oft unglaubwürdig und wenig lebendig.

Auch ein zu frühes Einbeziehen von Gefühlen und Befindlichkeiten kann die Kinder leicht überfordern; schließlich sind sie keine professionellen Schauspieler. Was sie dagegen gut können, ist sich bewegen! Das Bewegungsspiel sollte allerdings einen nachvollziehbaren Sinn haben.

Nur wenn die Kinder in jeder Phase ihres Spielstücks wissen, wozu sie etwas tun, kann sichergestellt werden, dass die Idee bzw. die Aussage des Stücks beim Publikum „ankommt". Im Rahmen der Probenarbeit sollten daher die *Motivationen* für das Spiel möglichst früh geklärt werden.

Inszenierte Bewegungen brauchen eine *zeitliche Struktur,* d.h. dass über die Gestaltungskriterien hinaus rhythmisch-dynamisch gedacht werden sollte. Phrasierungen, Spannungsbögen, Dramaturgie, Spieltempo und letztlich

Inszenierung eines Spielstücks

auch rhythmische Geschlossenheit sind wichtige gestalterische Elemente, die das Spielen und damit auch das Verstehen eines Stücks beeinflussen.

Ein ähnlich „ganzheitliches" Denken ist auch für die *Raumaufteilung* wichtig. Ausnutzung des Bühnenraums, Symmetrie und Asymmetrie, Dreidimensionalität, Fronten und Linien tragen viel zur Lebendigkeit von Spielszenen und Tänzen bei. Dazu kommen grundsätzliche Überlegungen, wie z.B., dass sich die Kinder nicht gegenseitig verdecken sollen, dass wichtige Aktionen am besten am vorderen Bühnenrand stattfinden oder dass man nur mit dem Rücken zum Publikum stehen sollte, wenn es unbedingt erforderlich ist.

Ein weiterer Aspekt der Probenarbeit ist die *Reduzierung* der Spielhandlung *auf das Wesentliche*. Zu viel Handlung wirkt verwirrend auf den Betrachter, zumal, wenn sie gleichzeitig geschieht. Gerade Kinder neigen dazu, viele „nebensächliche" Bewegungen zu machen.

Eine Beschränkung auf das, was ausgesagt werden soll, ist hier erforderlich. Unter Umständen können Unbeteiligte auch in ihrer Bewegung „einfrieren". Eine Beschränkung auf das Wesentliche ist im Hinblick auf den Umfang eines Spielstücks erforderlich. Oft sind die Stücke zu lang und verlieren dadurch an Spannung. *Der Mut zum Kürzen* ist nicht immer leicht aufzubringen, gehört aber zu den Voraussetzungen einer gelungenen Gestaltung.

Wichtiger als die Länge eines Stücks ist ein klarer Anfang sowie ein deutlicher Schluss. Ein Grundsatz der Theaterarbeit besagt deshalb, dass vor allem der *Schluss nie zuletzt* bearbeitet werden soll.

Szenische Mittel wie Licht, Musik, Kostüm, Maske, Dekoration spielen im Bewegungstheater zwar nur eine untergeordnete Rolle, trotzdem sind sie nicht unwichtig. Spätestens am Ende der Probenarbeit sollten sie daher genauso wie der *technische Ablauf* einer Aufführung bedacht und geprobt werden.

Der Erfolg einer Aufführung hängt letztlich von der *Intensität* und *Spielfreude* der Kinder ab. Einfallsreichtum, Originalität und darstellerische Präsenz können jedoch kaum geübt werden. Bewegungsfertigkeiten – ganz gleich auf welchem Niveau –, Konzentration und Spielfreude können dagegen relativ kurzfristig beeinflusst werden. Auch wenn „kleine Fehler" von jedem Publikum gerne verziehen werden, sollten Übungsleiterinnen *Perfektion anstreben, aber nicht „krampfhaft" erwarten*.

Das gilt auch und gerade für die Arbeit mit Kindern, für die Zuschauer gerne wohlwollend Applaus spenden, auch wenn das Ergebnis wenig überzeugend ausfällt. Kaum etwas ist jedoch enttäuschender, als ein Beifall, den man mehr für seinen guten Willen als für eine erbrachte Leistung bekommt.

Hinweise zur Inszenierung von Spielstücken:
• Außenstehende um Rat bitten.
• Von der Bewegung ausgehen.
• Motivationen frühzeitig klären.
• Zeitlich und räumlich denken.
• Spielhandlungen auf das Wesentliche reduzieren.
• Den Mut zum Kürzen aufbringen.
• Den Schluss nie zuletzt entwickeln.
• Perfektion anstreben, aber nicht „krampfhaft" erwarten.

6.3 Aufführungen

Die Aufführung eines selbst entwickelten Spielstücks ist immer ein Höhepunkt der gemeinsamen Theaterarbeit. Alle Hoffnungen und Ängste konzentrieren sich auf diesen Punkt und das gilt nicht nur für die Kinder, sondern auch für die beteiligten Übungsleiterinnen.

Bei aller Aufregung und Spannung darf jedoch nicht vergessen werden, dass viele wichtige Ziele zu diesem Zeitpunkt längst erreicht sind. Die Kinder haben sich vielseitig und intensiv bewegt, sie haben eigene Gedanken und Ideen zum Ausdruck gebracht, sie haben mit Partnern und Kleingruppen zusammengearbeitet und nicht zuletzt haben sie sogar ein gemeinsames Spielstück auf die Beine gestellt.

Im Grunde kann man daher ganz beruhigt an die Aufführung gehen. Was bleibt, ist das Kribbeln im Bauch, das Lampenfieber, die Aufregung, ob auch alles klappen wird – und das ist gut so! Für viele Theaterleute ist die Spannung vor dem Auftritt so etwas wie ein „Lebenselixier", ein Zaubertrank, der einem zeigt, dass man lebendig ist.

Gleichwohl gibt es eine ganze Reihe von Hinweisen zur Vorbereitung und Gestaltung von Aufführungen. Bei professionellen Auftritten wird nichts dem Zufall überlassen. Auch im pädagogischen Rahmen sollten die wesentlichen Aufgaben und Abläufe geklärt sein, damit das Spielstück richtig zur Geltung kommt. Ebenso wie bei der Inszenierung sollte man bei der Aufführung eines Stücks Perfektion anstreben, aber nicht „krampfhaft" erwarten. Im Rahmen der Probenarbeit müssen alle *Auf- und Abtritte*, alle *Raumwege* und *Motivationen* geklärt werden, sodass jeder weiß, was er während des Spielstücks zu tun hat. Bei der Verteilung von *Spielrollen* sollte auf Ausgewogenheit geachtet werden, was allerdings nicht so schwierig ist, weil es im Bewegungstheater kaum echte Hauptrollen gibt. Jede Rolle ist wichtig, die Sprecherin genauso wie der singende Kleiderhaken, das Matschmonster ebenso wie das schleichende Sofa.

Im Vorfeld einer Aufführung sollten weiterhin die *Kostüme* und *Dekorationen* geklärt werden. Auch hier ist ‚weniger oft mehr', d.h. einfarbige T-Shirts und Gymnastikhosen sind meistens eindrucksvoller als aufwendige Kostüme, die nur vom Spiel der Kinder ablenken.

Am Tag der Aufführung muss zunächst der *Bühnenraum* festgelegt werden. Wenn kein Bühnenpodest vorhanden ist, kann man sich leicht mit Klebeband helfen. In der Turnhalle können Begrenzungen und „Offs", d.h. Bereiche, die das Publikum nicht einsehen kann, gut mit Kästen und hochgestellten Weichböden hergestellt werden.

Auch der _Zuschauerraum_ sollte klar bestimmt sein (Stühle, Bänke, Turnmatten usw.), damit das Publikum später nicht auf der Bühne steht.

So weit man auf _Licht- und Tontechnik_ zurückgreift, muss diese vor der Aufführung gecheckt werden. Musikkassetten sollten an die richtige Stelle gespult sein, damit es während des Auftritts nicht zu Verzögerungen kommt.

Hilfreich ist auch ein _Ablaufplan_ hinter der Bühne, auf dem die Kinder vor und während der Aufführung sehen können, wann sie dran sind.

Das _Schminken_ gehört nicht unbedingt

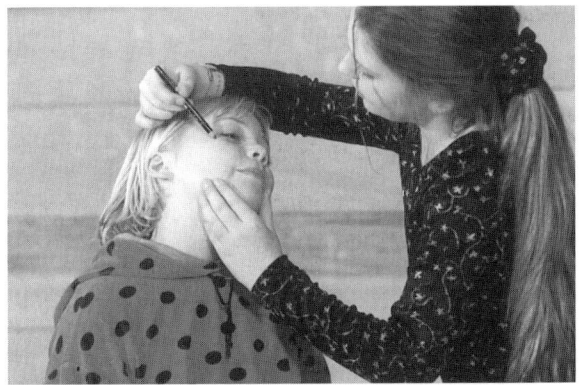

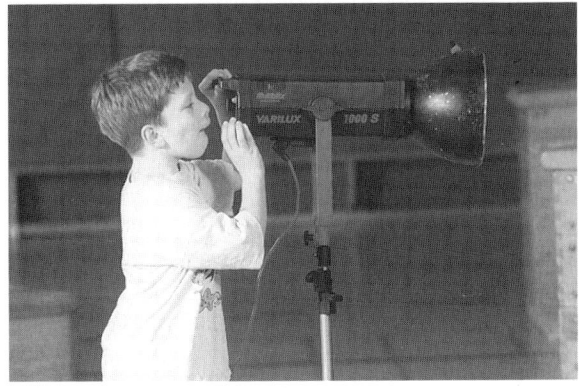

Vorbereitung zur Aufführung

zu einem Auftritt dazu, wenn die Kinder Spaß daran haben, kann es jedoch eine gute Einstimmung sein. Außerdem bietet die „Maske" eine gewisse Sicherheit für das Spiel vor einem Publikum.

Kurz vor dem Auftritt hilft den Kindern ein *Ritual,* z.B. ein Schulterkreis oder ein gemeinsamer Schlachtruf, sich zu konzentrieren. Auch das Ansprechen der eigenen Unsicherheit kann ein wenig beruhigend wirken. Die Aufführung selbst besteht normalerweise aus einer *Ansage,* einem *Intro,* d.h. einer einstimmenden Spielszene mit allen Kindern, verschiedenen *Einzelszenen,* dem *Finale,* in dem wiederum alle Kinder auftreten sowie dem gemeinsamen *Verbeugen.*

Während der Aufführung ist es wichtig, den *Spannungsbogen* so wenig wie möglich zu unterbrechen. Dazu gehört, dass die Kinder – wie auch die Übungsleiterin – durchspielen, d.h. dass keiner aus der Rolle fällt und „privat" wird. Kinder streichen sich z.B. häufig die Haare aus dem Gesicht, kratzen sich oder fangen an zu kichern, wenn sie aufgeregt sind.

All das ist natürlich kein „Beinbruch", es führt jedoch zu einem Nachlassen der Spielspannung. Im Sinne der Spannung sollte auch jeder Auftritt am besten einen Meter vor der Bühne beginnen und einen Meter hinter der Bühne enden. Ebenso sollten Umbaupausen möglichst gestaltet werden, damit die Zuschauer währenddessen nicht das Interesse verlieren.

Am Schluss eines Auftritts steht die gemeinsame *Verbeugung* der Kinder. Auch das sollte im Vorfeld einmal geübt werden, damit jeder weiß, was er zu tun hat. Selbstverständlich werden beim Applaus alle Beteiligten auf die Bühne gebeten, also auch die „Licht- und Tontechniker", die Aufbauhelfer sowie beteiligte Eltern, die z.B. Kostüme genäht oder Requisiten gestiftet haben.

Wichtige Informationen, z.B. über eventuelle Projektpartner oder besonders hilfreiche Personen, bei denen man sich bedanken möchte, gehören jedoch nicht ans Ende, sondern an den Beginn einer Aufführung. Während der Ansage hören Zuschauer und „Schauspieler" noch konzentriert zu, am Schluss sind Freude und Stolz im Allgemeinen zu groß, als dass man noch Informationen aufnehmen könnte. Wenn es irgendwie möglich ist, sollte man die Erlebnisse vor, während und nach einer Aufführung gemeinsam auswerten. Schön ist es, sich für die *Auswertung* ein paar Tage später zu treffen, Fotos oder Videos vom großen Tag anzuschauen und den Auftritt so noch einmal Revue passieren zu lassen.

Auch das Verbeugen im Vorfeld üben.

Hinweise zur Aufführung von Spielstücken:
• Lampenfieber ansprechen und akzeptieren.
• Auf- und Abtritte, Raumwege und Spielrollen genau festlegen.
• Bühnenraum und Zuschauerraum klar definieren.
• Licht- und Tontechnik checken.
• Einen Ablaufplan hinter der Bühne anbringen.
• Spannungsbogen möglichst nicht unterbrechen („Durchspielen").
• Auch das Verbeugen im Vorfeld üben.
• Aufführungserlebnisse am besten mit etwas Abstand zum großen Tag auswerten.

7 Möglichkeiten und Grenzen kreativer Bewegungserziehung

Der Übungsleiter hatte sich besonders gut vorbereitet. In seiner Übungsstunde wollte er die Kinder in einen Märchenwald entführen, in dem Feen und Zwerge, Elfen und Kobolde zu Hause sind. Er wollte Zaubersamen ausstreuen und wundersame Bäume wachsen lassen. Auch wollte er den Kindern Gelegenheit geben, ihre Wünsche und Träume im darstellenden Spiel auszudrücken und wenigstens für einen Moment Realität werden zu lassen.

Aber irgendwie kam die Stunde nicht in Gang. Die Kinder waren albern und unkonzentriert. Einige weigerten sich, etwas vorzuspielen, und andere beschwerten sich über die Aufgabenstellung. Als die Kinder zu einer Harfenmusik als Blumen aus dem Boden sprießen sollten, passierte es – ein Knirps drehte sich unvermittelt auf seinem Hosenboden im Kreis herum und brüllte: „Äy, guck mal – ich bin eine CD!"

Daraufhin brachen auch die anderen Kinder ihr Blumenwachstum ab und drehten sich wie wild im Kreis. Im Handumdrehen entstanden CD-Player und Kassettenrecorder, wurden Compactdisks und Bänder eingelegt – und die sorgfältig geplante Übungsstunde versank in Anarchie und Chaos. Die Kinder aber, die hatten ganz offensichtlich einen Riesenspaß!

Das Beispiel basiert auf einem realen Hintergrund. Ich habe es selbst erlebt in einer meiner ersten Übungsstunden zum Bewegungstheater. Meine Überraschung und Hilflosigkeit werde ich ebenso wenig vergessen wie die überschäumende Spielfreude der Kinder beim CD-Drehen.

Da hatte ich mir sorgsam zurechtgelegt, was denn die Fantasie der Kinder beflügeln könnte. Aber es waren nicht Elfen und Zauberbäume, sondern CD-Player und Tonbänder, die die Kinder ansprachen. Ganz offensichtlich war ihnen ihre unmittelbare Lebenswelt näher als die Hirngespinste eines Erwachsenen.

Das soll nicht heißen, dass Kinder keine Fantasie hätten – im Gegenteil! Das Beispiel zeigt jedoch, dass die kreative Bewegungserziehung auch *Grenzen* hat. So kann das Hineinversetzen in kindliche *Vorstellungswelten* misslingen. Das, was wir als kindgerecht und fantasieanregend empfinden, muss die Kinder noch lange nicht begeistern. Umso wichtiger ist es, ihnen immer wieder Spielräume für das Umsetzen *eigener* Ideen zu geben.

Das Herumalbern und die Weigerung, etwas vorzuspielen, kann sicherlich viele Ursachen haben. Vielleicht haben die Kinder einen anstrengenden Tag hinter sich, vielleicht gab es Ärger in der Schule oder sie sind einfach „nur so" zappelig. Vielleicht haben sie aber auch Schwierigkeiten mit dem Vorspielen von Improvisationsergebnissen.

Die Präsentation eigener Ideen ist immer an den Körper bzw. die körperliche Bewegung gebunden. Das kann zu *Hemmungen* und *Ängsten* führen, die man ernst nehmen sollte. Auch die hohe emotionale Bedeutung, die das Vorspielen eigener Ideen für viele Kinder hat, birgt die Gefahr einer Blamage.

Kaum etwas ist schmerzlicher, als wenn man für etwas ausgelacht wird, das einem selbst sehr wichtig ist – oder für das man nichts kann, wie z.B. eine lange Nase oder einen ungeschickten Gang. Die Bedeutung einer vertrauensvollen Unterrichtsatmosphäre für die Freisetzung von Kreativität kann darum nicht oft genug betont werden.

Vielleicht hängen mangelnde Konzentration und Beschwerden über die Aufgabenstellung aber gar nicht mit der Angst der Kinder vor einer Blamage zusammen, sondern die Aufgabe ist einfach schlecht gestellt.

Unangemessene Aufgabenspielräume können leicht verunsichernd wirken. Eine zu eng gestellte Aufgabe lässt den Kindern keine Möglichkeit zum Entwickeln eigener Ideen, ein „Zuviel" an Freiheit lässt sie mit der Lösung der Aufgabe allein. Sie wissen nicht, wo sie anfangen sollen. Und nicht zuletzt kann ein Übermaß an Kreativität auch anstrengend sein. Besonders in Probenphasen entsteht leicht ein *Kreativitätsdruck,* der geradezu lähmend wirken kann.

Hier sind inhaltliche und methodische Abwechslungen, vor allem aber ein Besinnen auf den Prozess der Übungsstunde – und eben nicht das Produkt! – erforderlich. Und manchmal wollen die Kinder auch einfach nur herumtollen und toben – und das hat dann auch seine Berechtigung!

Sofern man sensibel mit den angesprochenen Gefahren umgeht, bietet die kreative Bewegungserziehung eine Vielzahl an pädagogischen *Möglichkeiten.* Da ist zunächst einmal die Gelegenheit, *lebensnahe und lebendige Übungsstunden* mit den Kindern zu erleben. Das Ansprechen und Umsetzen individueller Bewegungs-, Spiel- und Ausdrucksbedürfnisse — auch das zeigt das Beispiel – kann im wahrsten Sinne des Wortes befreiend sein. Gerade vor dem Hintergrund sich wandelnder Lebenswelten erscheint das „Verarbeiten" von Erlebnissen und Erfahrungen durch das *Übersetzen in eigene Zeichen und Formen* wichtig. Nicht zuletzt die Möglichkeit, etwas Eigenes auszudrücken und zu gestalten, führt dazu, dass sich die Kinder ernst genommen fühlen und oftmals sehr in der Übungsstunde engagieren. Aus pädagogischer Sicht sollte die Kreativität daher nicht nur als *Ziel,* sondern ebenso auch als *Mittel* der Bewegungserziehung betrachtet werden.

Eigene Untersuchungen haben ergeben, dass sich Kinder, die in dieser Art unterrichtet werden, nicht nur in ihrer Kreativität, sondern auch in ihrem Selbstbild sowie in ihren motorischen Fähigkeiten verbessern.

In einem dreimonatigen Unterrichtsversuch in der Grundschule, an dem 261 Kinder teilnahmen, erhielten sechs Klassen ihren Sportunterricht im Sinne der kreativen Bewegungserziehung, fünf Klassen nahmen an einem üblichen Sportunterricht teil. Die Lehrerinnen der Versuchsklassen wurden im Vorfeld entsprechend geschult, die Lehrkräfte der Kontrollklassen konnten über Informationsgespräche in das Projekt eingebunden werden. Mit Hilfe kindgerechter Testverfahren wurden *Identität, Kreativität* und *Koordinationsfähigkeit* aller Kinder vor und nach dem Unterrichtsversuch erhoben.

Die Ergebnisse des *Identitätstests* weisen darauf hin, dass sich die Versuchsklassenkinder im Gesamtergebnis sowie in den Teilbereichen „Allgemeines Selbst" und „Selbstwertgefühl" deutlich verbessert haben, während sich die Werte der Kontrollklassen nicht veränderten. Die Verbesserungen sind auch drei Monate nach Beendigung der Unterrichtsversuchs stabil, was eine Nachuntersuchung belegt.

Pädagogisch erfreulich ist, dass sich die Verbesserungen besonders in allgemeinen Bereichen des Selbstbildes zeigen, die nur schwer zu beeinflussen sind. Eine genauere Analyse der Testergebnisse deutet außerdem darauf hin, dass sich vor allem die Mädchen der Versuchsklassen sowie Kinder mit mangelndem Selbstwertgefühl verbessert haben. Offensichtlich bietet die kreative Bewegungserziehung besondere Möglichkeiten für eine geschlechterpädagogische Arbeit sowie für die Förderung von Kindern mit geringem Selbstvertrauen.

Im *Kreativitätstest* verbessern sich die Kinder der Versuchsklassen gegenüber den Kontrollklassen in den Bereichen „Produktivität" und „Originalität". In der Aufgabe zur „Problemlösungsfähigkeit" verbessern sich beide Gruppen gleichermaßen, was allerdings auch auf Schwierigkeiten in der Testdurchführung zurückgeführt werden kann. Insgesamt hat der kreative Unterricht zu einer positiven Kreativitätsentwicklung beigetragen. Die Ergebnisse des *Koordinationstests* zeigen, dass sich beide Gruppen weitgehend gleichermaßen verbessert haben. Kinder, die an der kreativen Bewegungserziehung teilnehmen, entwickeln sich also in ihren motorischen Fähigkeiten nicht schlechter, als Kinder, die einen üblichen Sportunterricht erhalten (vgl. NEUBER 1998).

Die insgesamt erfreulichen Ergebnisse der wissenschaftlichen Untersuchung bestätigen die Erfahrungen vieler Praktiker. Die kreative Auseinandersetzung mit den individuellen Bewegungs-, Spiel- und Ausdrucksmöglichkeiten der Kinder kann maßgeblich zu einer *harmonischen Persönlichkeitsentwicklung* beitragen.

Darüber hinaus bieten die Inhalte der kreativen Bewegungserziehung vielfältige Möglichkeiten zur *Auflockerung und Erweiterung* üblicher Turn- oder Sportstunden. Das methodische Vorgehen ist nicht nur für „kreative" Unterrichtsfelder interessant, sondern kann auch auf andere Bereiche der Bewegungserziehung übertragen werden. Zwischen einem engen Sportartenverständnis und dem so genannten „Offenen Unterricht" gibt es vielfältige Möglichkeiten einer *differenzierten Aufgabenstellung*.

Die kreative Bewegungserziehung geht damit weit über die Ebene des Sich-Ausdrückens und Gestaltens im Medium der Bewegung hinaus und setzt z.B. auch für die Wahrnehmungs-, Sozial- und Gesundheitserziehung wichtige Impulse. Die Kreativität kann damit als *eigenständige Perspektive* der Bewegungserziehung neben anderen betrachtet werden. Ein Allheilmittel gegen die Unbilden der Zeit ist sie gleichwohl nicht: „Wo immer wir von der Kreativität ein Wunder erwarten, werden wir es nicht bekommen" (HENTIG 1998, 72).

8 Anhang

Literaturverzeichnis

ARBEITERWOHLFAHRT (Hrsg.): Praxismappe: Spiele für Kinder, Jugendliche und Erwachsene. Bonn 1980.

BALZ, E./NEUMANN, P. (Hrsg.): Wie pädagogisch soll der Schulsport sein? Schorndorf 1997.

BALZ, E. u.a.: Schulsport – wohin? Sportpädagogische Grundfragen. In: Sportpädagogik 21 (1997), 1, 14-28.

BATZ, M./SCHROTH, H.: Theater zwischen Tür und Angel. Handbuch für freies Theater. Reinbek 1986.

BAUR, J.: Motorische Entwicklung: Konzeptionen und Trends. In: BAUR/BÖS/SINGER 1994, 27-48.

BAUR, J./BÖS, K./SINGER, R. (Hrsg.): Motorische Entwicklung. Ein Handbuch. Schorndorf 1994.

BECKERS, E.: Über das Bildungspotential des Sportunterrichts. In: BALZ/NEUMANN 1997, 15-32.

BEUDELS, W./KLEINZ, N./DELKER, K. (Hrsg.): Außer Rand und Band. Dortmund 1997.

BEUDELS, W./LENSING-CONRADY, R./BEINS, H. J.: ...das ist für mich ein Kinderspiel. Handbuch zur psychomotorischen Praxis. Dortmund 1994.

DREFKE, H. & VENT, H.: Gymnastik/Tanz. Sport Gymnasiale Oberstufe. Düsseldorf 1988.

GAAL, J.: Bewegungskünste – Zirkuskünste. Jonglage, Einradfahren, Akrobatik für Schule, Verein und Freizeit. Schorndorf 1994.

GEBHARD, U./KUGLER, M.: Didaktik der elementaren Musik- und Bewegungserziehung. München 1979.

GRÖßING, S.: Bewegungskulturelle Bildung statt sportlicher Handlungsfähigkeit. In: BALZ/NEUMANN 1997, 33-46.

HARRISON, K./LAYTON, J./MORRIS, M.: Tolle Ideen – Tanz und Bewegung. Mühlheim/Ruhr 1991.

HASELBACH, B.: Improvisation, Tanz, Bewegung. Stuttgart 1993.

HAUßER, K.: Identitätspsychologie. Berlin; Heidelberg; New York 1995.

HELMKE, A.: Entwicklung des Fähigkeitsselbstbildes vom Kindergarten bis zur 3. Klasse. In: PEKRUN, R./FEND, H. (Hrsg.): Schule und Persönlichkeitsentwicklung. Ein Resümee der Längsschnittforschung. Stuttgart 1991.

HENTIG, H. v.: Kreativität. Hohe Erwartungen an einen schwachen Begriff. München; Wien 1998.

JAMPERT, K.: Unverdrossen die Welt annehmen. Kinderleben – gestern und heute. In: Schüler Jahresheft. Seelze 1998, 20-23.

KRAMPEN, G. u.a.: Sequenzanalytische Befunde zur Entwicklung der Kreativität in der Kindheit. In: Trierer Psychologische Berichte, Bd. 18, Heft 6. Universität Trier 1991.

KRAMPEN, G. u.a.: Kreativitätsförderung in der Primarschule. Universität Trier/I.S.E.R.P. Walferdange (Luxembourg). Walferdange 1996.

KRÜGER, C.: Let's dance. In: DEUTSCHE TURNERJUGEND (Hrsg.): Forum Kinder in Bewegung: Vom Kinderturnen zum Sport mit Jugendlichen. DTB- Handbuch, Teil 5. Frankfurt/M. 1995.

MARTIN, K./BANTZ, H.: Vielseitiges Turnen an Geräten. Schorndorf 1992.

MEUSEL, W./WIESER, R. (Hrsg.): Handbuch Bewegungsgestaltung. Seelze 1997.

MONTADA, L.: Die geistige Entwicklung aus der Sicht Jean Piagets. In: OERTER, R./MONTADA, L. (Hrsg.): Entwicklungspsychologie. Weinheim [3]1995, 518-560.

NEUBER, N.: Bewegungstheater als Konzept kreativer Bewegungserziehung. Theoretische Grundlegungen und erste empirische Befunde. Dissertation Deutsche Sporthochschule Köln 1998.

NEUBER, N.: Kreative Bewegungserziehung in der Primarstufe. Pädagogische und didaktisch-methodische Grundlegungen. In: Brennpunkte der Sportwissenschaft 13 (1999), 1/2 (a).

NEUBER, N.: „Das ist ja ein starkes Stück!" – Bewegungstheater als spielerisches Mittel der Suchtprävention. In: Praxis der Psychomotorik (1999), 3 (b).

NEUBER, N.: „Spannungswechsel" – vom spielerischen Umgang mit der Körperspannung. In: DEUTSCHE TURNERJUGEND (Hrsg.): Kinder in Bewegung: Vom Kinderturnen zum Sport mit Jugendlichen. Kongressbericht Göttingen 2.-5.10.97. Aachen 1999, 165-170 (c).

OERTER, R.: Psychologie der Denkens. Donauwörth 1974.

PINOK/MATHO: Dynamik der Kreation: Worte und Körpersprache. Köln 1987.

PRINAY, L.: Kindgemäße Entspannung. Praxisbuch – nicht nur für den Schulalltag. Lichtenbusch/Belgien 1993.

ROSENBERG, Chr.: Praxis für das Bewegungstheater. Theaterspiel, Bd. 7. Aachen 1990.

ROTH, K./WINTER, R.: Entwicklung koordinativer Fähigkeiten. In: BAUR/BÖS /SINGER 1994, 191-216.

SCHEID, V.: Motorische Entwicklung in der mittleren Kindheit. Vom Schuleintritt bis zum Beginn der Pubertät. In: BAUR/BÖS/SINGER 1994, 176-290.

SPORTJUGEND NW (Hrsg.): Sportabenteuer – Abenteuersport. Duisburg 1991.

SPORTPÄDAGOGIK Heft 2/1995, Themenheft „Bewegungstheater", betreut von Wolfgang Tiedt. Seelze 1995.

STAUDTE, A./BECK, G.: Das alltägliche Theater. In: Die Grundschulzeitschrift. Sammelband Ästhetische Erziehung I. Seelze 1996, 78-84.

STEIN, G.: Purzelbäume. In: DEUTSCHE TURNERJUGEND (Hrsg.): Forum Kinder in Bewegung: Vom Kinderturnen zum Sport mit Jugendlichen. DTB-Handbuch, Teil 5. Frankfurt/M 1995.

TIEDT, W.: Bewegungstheater. In: KULTUSMINISTERIUM NRW (Hrsg.): Sporttheater im Verein. Materialien zum Sport in Nordrhein-Westfalen, Heft 32. Frechen 1991, 64-74.

TIEDT, W.: Bewegungstheater. Bewegung als Theater, Theater mit Bewegung. In: Sportpädagogik 19 (1995), 2, 15-24 (a).

TIEDT, W.: Bewegungstheater. Unterrichtsplanung und Realisation. In: PAWLEKE, R. (Hrsg.): Neue Sportkultur. Neue Wege in Sport, Spiel, Tanz und Theater. Lichtenau 1995, 240-251 (b).

TREBELS, A. H. (Hrsg.): Spielen und Bewegen an Geräten. Frankfurt; Griedel 1992.

UNGERER-RÖHRICH, U. u.a.: Praxis soziales Lernen im Sportunterricht. Dortmund 1990.

Ü-MAGAZIN FÜR ÜBUNGSLEITERINNEN UND ÜBUNGSLEITER, Heft 3/1997, Titelthema „Bewegungstheater", betreut von Nils Neuber. Aachen 1997.

WEINECK, J.: Bewegungsmangel und seine Auswirkungen auf die psychophysische Leistungsfähigkeit. In: ZIMMER 1997a, 41-48.

WEIß, K. (Hrsg.): Füße im Wind. Bewegungsspiele mit Kindern. Weinheim; Basel 1994.

ZIMMER, R. (Hrsg.): Spielformen des Tanzens. Vom Kindertanz zum Rock'n' Roll. Dortmund 1988.

ZIMMER, R.: Handbuch der Bewegungserziehung. Didaktisch-methodische Grundlagen und Ideen für die Praxis. Freiburg [3]1994.

ZIMMER, R. (Hrsg.): Bewegte Kindheit. Kongressbericht Osnabrück 29.2.-2 3.1996. Schorndorf 1997 (a).

ZIMMER, R.: Kindheit – Über den sozialen Wandel von Kindheit und die Auswirkungen auf das Bewegungs- und Körpererleben. In: ZIMMER 1997a,
20-31 (b).

ZIMMER, R.: „Dracula macht keine Fehler" – Zum Symbolgehalt kindlicher
Bewegungsspiele. In: BEINS, H. J. u.a. (Hrsg.): Wenn Kinder durchdrehen
... Vom Wert des „Fehlers" in der Psychomotorik. Dortmund 1997, 283-
297 (c).

ZIMMER, R.: Die Kinder stark machen! – Zur Bedeutung von Bewegung,
Spiel und Sport für die Entwicklung von Kindern und Jugendlichen. In:
ZIMMER, R. (Hrsg.): Handbuch für Kinder- und Jugendarbeit im Sport.
Aachen 1998, 11-32.

Literaturtipps

1. BATZ, M./SCHROTH, H.: Theater zwischen Tür und Angel. Handbuch für freies Theater. Reinbek 1986.
2. DEUTSCHE TURNERJUGEND (Hrsg.): Kinder in Bewegung – Vom Kinderturnen zum Sport mit Jugendlichen. DTB-Handbuch, Teil 5. Frankfurt 1995.
3. HARRISON, K./LAYTON, J./MORRIS, M.: Tolle Ideen – Tanz und Bewegung. Mühlheim/Ruhr 1991.
4. ROSENBERG, Chr.: Praxis für das Bewegungstheater. Theaterspiel, Bd. 7. Aachen 1990.
5. SCHMOLKE, A.: Das Bewegungstheater. Hilfen und Anregungen für das Spielen mit Kindern und Erwachsenen. Wolfenbüttel 1976.
6. SPORTPÄDAGOGIK Heft 2/1995, Themenheft „Bewegungstheater", betreut von Wolfgang TIEDT. Seelze 1995.
7. WEISS, K. (Hrsg.): Füße im Wind. Bewegungsspiele mit Kindern. Weinheim; Basel 1994.
8. ZIMMER, R.: Handbuch der Bewegungserziehung. Didaktisch-methodische Grundlagen und Ideen für die Praxis. Freiburg ³1994.

Inhalt	Kommentar
zu 1.: Das Buch besteht aus einer Mischung von Praxisanregungen und Hintergrundinformationen zur freien Theaterarbeit, u.a. zu den Bereichen Ausgangssituation, Anfangen, Körperwerkstatt, Improvisation, Straßentheater, Theatertechniken, Projekte.	**zu. 1.:** Die Praxisanregungen sind vielfältig und können direkt umgesetzt werden. Die Hintergrundinformationen und Reflexionen zur freien Theaterarbeit sind hilfreich für Anfänger und Fortgeschrittene. Das Buch ist im wahrsten Sinne des Wortes ein Handbuch!
zu 2.: Das Handbuch besteht aus acht Broschüren zu verschiedenen Themen des Sports mit Kindern und Jugendlichen: Abenteuersport, Bewegungstheater, Fitness für Kinder, Gesundheitsturnen, Kleinkindturnen, Spielen, Tanzen, Zirkuskünste.	**zu 2.:** Auch wenn die Broschüren z.T. sehr unterschiedlich angelegt sind und sich auch in ihrer Qualität unterscheiden, bietet das Handbuch vielfältige und leicht umsetzbare Praxisanregungen für die Vereinsarbeit mit Kindern und Jugendlichen.
zu 3.: Das Buch enthält nach einigen einführenden Bemerkungen vielfältige Bewegungs-, Spiel- und Tanzanregungen zu neun Bereichen: Wetter, Wo in der Welt, Picknicks und Feste, Tiere, Fliegen, Zauberei - Geheimnisse - Monster, Feuer und Licht, Kleine Tiere, Wir in der Welt.	**zu 3.:** Die Spiele richten sich an Kinder im Vor- und Grundschulalter. Auch wenn die Beispiele kaum methodisch aufbereitet werden, enthalten sie eine Vielzahl an fantasievollen und kindgerechten Praxisanregungen. Die Ideen werden durch gut gemachte Zeichnungen verdeutlicht.
zu 4.: Das Buch gliedert sich in drei Teile: Einführung (z.B. Grundelemente des Bewegungstheaters), Spielanregungen (z.B. Körper- und Bewegungstechnik oder Emotionen und Charaktere) sowie Unterrichtsbeispiele (z.B.	**zu. 4.:** Die Anregungen sind vielfältig und gut nachvollziehbar. Konkrete Bewegungs- und Spielaufgaben können leicht in die eigene Praxis übertragen werden. Das Buch orientiert sich allerdings an der Arbeit mit Erwachse-

Roboter, imaginäre Gegenstände oder Zeitungen als Material und Objekt).	nen, was auch durch entsprechende Fotos deutlich wird.
zu. 5.: Das Buch enthält theoretische und praktische Überlegungen zum Bewegungstheater, z.B. Experimentieren mit neuen Formen, das Wesen des Bewegungstheaters, Arbeitsbegriffe, vom Üben zum Spielstück, die Situation des Spielleiters, Übungssammlung.	**zu 5.:** Auch wenn viele Übungen und Spielformen heute etwas veraltet wirken, bietet das Buch eine gute Einführung in das Bewegungstheater. Als „Klassiker" stellt es besonders die Ursprünge des Bewegungstheaters im kindlichen Spiel heraus.
zu 6.: Das Themenheft besteht aus einem Basisartikel von Wolfgang TIEDT sowie neun Beiträgen zum Bewegungstheater mit Kindern und Jugendlichen, z.B. Lila und die Mondnote, Nur Müll – oder?, Vom Spielen mit Bewegung, Die Gewalt in unserem ganz normalen Alltag, Sprache und Bewegung.	**zu 6.:** Der Basisartikel gibt eine gute Einführung in das aktuelle Verständnis des Kölner Bewegungstheaters im Hinblick auf den Sportunterricht in der Schule. Die Artikel basieren alle auf Praxisprojekten und verdeutlichen das Konzept in vielfältiger und praxisnaher Weise.
zu 7.: Das Buch besteht aus einer Mischung von Praxisanregungen und theoretischen Überlegungen zum Bewegen und Spielen mit Kindern im Vor- und Grundschulalter, z.B. Bewegungsentwicklung und Lebensrealität von Kindern, Auch Wut will bewegt sein, Von Kopf bis Fuß, Leicht wie eine Feder –schwer wie Sand.	**zu 7.:** Die theoretischen Vorüberlegungen sind leicht verständlich und geben eine gute Einführung in die jeweiligen Spielvorschläge. Die Praxisanregungen sind sehr vielfältig und beziehen oft darstellerische Momente mit ein. Man merkt dem Buch an, dass es aus der Praxis – und mit viel Freude an der Bewegung – entstanden ist!
zu 8.: Das Handbuch enthält theoretische und praktische Grundlagen der Be-	**zu. 8.:** Die theoretischen Grundlagen der Bewegungserziehung werden wis-

wegungserziehung mit Kindern. Es besteht aus sieben Teilen, z.B. Zur Bedeutung von Körper- und Bewegungserfahrungen für die kindliche Entwicklung, Entwicklungspsychologische Grundlagen, Psychomotorische Erziehung.	senschaftlich fundiert, zugleich aber anschaulich und mit vielen Beispielen aus der Praxis dargestellt. Das Buch orientiert sich am Vorschulalter, viele Überlegung und Anregungen lassen sich aber auch auf ältere Kinder übertragen.

Videofilm

TIEDT, A. & W.: Bewegungstheater. Friedrich Verlag Vertrieb, Postfach 10 01 50, 30917 Seelze (VHS-Video-Kassette).

Inhalt	Kommentar
Die Kassette hat eine Spieldauer von ca. 60 Minuten. Zu sehen sind Praxisbeispiele zum Bewegungstheater mit Studentinnen und Studenten der Sporthochschule Köln. Die Beispiele zeigen Improvisationsmöglichkeiten und Ergebnisse verschiedener Spielthemen.	Im Film wird die Praxis des Bewegungstheaterunterrichts gezeigt. Es kann gut nachvollzogen werden, über welche Schritte die Spieler zu ihren Szenen kommen. Allerdings orientieren sich die Inhalte und Themen vorrangig am Unterricht mit Erwachsenen.

Hinweise zum Musikeinsatz in der kreativen Bewegungserziehung

- Einfache Musiken auswählen, am besten ohne Text und Gesang.
- Funktion der Musik klarmachen, z.B. Bewegungstempo vorgeben, Bewegungsvariation anregen oder Atmosphäre schaffen.
- Musik sparsam einsetzen, am besten nur ein Stück pro Übungsstunde.
- Musik nicht zu dick „auftragen" (z.B. Beethovens Neunte Sinfonie zum Tanz der Zwerge).
- Sich bei der Musikauswahl auf das eigene Gespür verlassen.
- Bewegungen zur Musik vorab zu Hause ausprobieren.
- Die Kinder eigene Musik mitbringen lassen.
- Mit der Zeit ein persönliches Musikrepertoire für die Bewegungserziehung anlegen.

Hinweise zur Bewegungsbegleitung

- Bewegungsbegleitung einfach machen und klar strukturieren.
- Bewegungsbegleitung variieren, z.B. laut und leise, einfach und rhythmisiert.
- Den Grundschlag halten, nicht „weglaufen".
- Die Kinder bei der Bewegungsbegleitung beobachten und ihre Bewegungen aufgreifen.
- Verschiedene Instrumente ausprobieren, z.B. Handtrommel, Schellenkranz oder Klanghölzer.
- Körpereigene Mittel nutzen, z.B. Klatschen, Stampfen oder Schnipsen.
- Die Stimme als „Instrument" entdecken.
- Bewegungsbegleitung auch einmal von den Kindern ausprobieren lassen.

Fortbildungsmöglichkeiten

Zu den Bereichen Bewegungserziehung, Spielen, Tanzen und Theaterspielen mit Kindern gibt es eine Vielzahl an Fortbildungsmöglichkeiten von privaten und öffentlichen Trägern. Spezielle Fortbildungen zum Bewegungstheater sowie zum Konzept der kreativen Bewegungserziehung sind dagegen noch selten. Neben vereinzelten Angeboten der Sportfachverbände (z.B. der Sportjugend Nordrhein-Westfalen) sowie Workshops und Seminaren im Rahmen von Fachtagungen und Kongressen können die aufgeführten Anbieter angesprochen werden. Zum Teil verfügen sie über ein Jahres- bzw. Semesterprogramm, das man anfordern kann. Die meisten Träger bieten aber auch Fortbildungen auf Abruf an, die auf die jeweiligen Bedürfnisse der Interessenten zugeschnitten werden. (siehe nächste Seite)

1. BKT – Forum für Bewegung, Kreativität und Theater, c/o Karsten Hoppe & Frank Jäger, Bonner Str. 46, 50677 Köln, Tel. 0221/31 38 57.	Das BKT ist ein Zusammenschluss von Diplomsportlehrern, Tanz- und Theaterpädagogen, die Angebote im Bereich des Bewegungstheaters und der kreativen Bewegungserziehung für Kinder machen. Neben eigenen Fortbildungen und Workshops auf Abruf können hier auch Veranstaltungen anderer Anbieter abgefragt werden.
2. Deutsche Sporthochschule Köln, c/o Anne und Wolfgang Tiedt, 50927 Köln, Tel. 0221/4982-267 oder -363.	Das Kölner Bewegungstheater wurde von Anne und Wolfgang TIEDT entwickelt. Neben der Möglichkeit des Studiums an der Sporthochschule Köln wird jedes Jahr im September ein Wochenlehrgang „Spiel – Musik – Tanz" für interessierte Laien angeboten.
3. Deutsche Turnerjugend, Otto-Fleck-Schneise 8, 60528 Frankfurt/M., Tel. 069/6 78 01-0	Die DTJ hat das Bewegungstheater bzw. die kreative Bewegungserziehung schon sehr früh aufgegriffen und in unterschiedlichsten Zusammenhängen gefördert. Unter anderem bietet sie Tagesseminare „TuJu-Special" (8 UE), Wochenendfortbildungen (15 UE) sowie eine Projektleiterausbildung „Bewegungstheater" (60 UE) auf Abruf an.
4. Kulturforum Köln, Rainer Schmitz, Am Hof 34-36, 50667 Köln, Tel. 0221/9 25 58 78.	Das Kulturforum bietet schon seit längerem einen Einführungskurs „Bewegungstheater" sowie einen Kurs „Improvisation – Tanz – Bewegung" für Anfänger an. Hier geht es weniger um Fragen des Unterrichts, als vielmehr um das eigene Erleben. Auf Anfrage werden aber auch pädagogische Fortbildungen durchgeführt.
5. Rheinische Akademie im Förderverein Psychomotorik, W.-v.-Braun-Str. 3, 53113 Bonn, Tel. 0228/21 61 81.	Die Rheinische Akademie hat einige Angebote zum Bewegungstheater und zur kreativen Bewegungserziehung in ihrem Jahresprogramm. Neben Tagesseminaren werden auch Workshops im Rahmen von Fachtagungen und Kongressen durchgeführt.

Spieleindex

Übersicht über die Spielanregungen

	Alltagsbewegungen und -tätigkeiten	Spielideen und Handlungsthemen	Spielideen und Entspannung	Partner und Gruppe
Einstieg	Obstfangen Wäsche sortieren Affentheater Redensarten Gestörte Leitung	Verzaubern Fischer, Fischer, wie tief ... Der eine, die andere Die Außerirdischen Atomspiel	Eisteufel Ochs am Berge Roboterspiel Fotograf und Modell Fußgängerzone	Schlafender Riese Schattenlaufen Guten Tag, Frau Meyer! Gehen-Stehen-Sitzen-Liegen Schnick-Schnack-Schnuck
Vertiefung	Einkaufen Wäsche waschen Alltagsgesten Sportlich, sportlich! Telefonieren	Im Zauberwald Drunter und Drüber Unter Wasser Auf dem Mars Formen in Bewegung	Luftballons und Fallschirme Starrköpfe, Schlappsäcke ... Schaufensterpuppen Stehaufmännchen, Adler ... Maschinenfabrik	Zwerge und Riesen Spiegelspiele Denkmale Begrüßung auf Umwegen Am laufenden Band
Gestaltung	Supermarkt Kleine Gesten, große ... Telekommunikation	Mitternacht im Zauberwald Expeditionen auf den Mars Rund und Eckig	Fluggeschichten Schaufensterpuppen bei Nacht Erfindermesse	Klitzekleine Riesen ... Denkmal wi(e)der! Begegnung auf Umwegen
Beispiel	Wenn die Wäsche ... Spielen mit einer Alltagstätigkeit	Wie bei Hempels unterm Sofa – Spielen mit einer Spielidee	Die verflixten Urlaubsfotos Spielen mit der Körperspannung	Spieglein, Spieglein an der Wand – Spielen mit Partner und Kleingruppe

	Objekte und Materialien	Gerätearrangements und Bewegungslandschaften	Bewegungs- und Darstellungstechniken	Musik und Tanz
Einstieg	• Stabmikado • Bäumchen, ... • Zeitungsslalom • Mist, Mist, Mist! • Gespenstertango	• Bildaufbau • Gerätefangen • Ebbe und Flut • Völlig losgelöst • Geräteparcours	• Mattenlauf • Popcorn • Herr Wolf, wie spät ... • Begrüßung der Clowns • Dreifelder-Spiel	• Pepperbillies • Der kleine Wirbelwind • Saus und Braus • Stimmenfang • Mützentanz
Vertiefung	• Stabspiele • Reifenspiele • Zeitungsspiel • Spiele mit Hüten • Spiele mit Bettlaken	• Verbindungsstege • Höhlenbauen • Flizziflitzen • Klettern, Schaukeln ... • Kuhweide, Steilküste ...	• Rollen • Springen • Fallen • Stolpern, Taumeln ... • Die Wand	• Windgeschichten • Hexenkessel • Stimmungsvoll • Hüpfmotive • Bounce & Isolation
Gestaltung	• Zeitungszeit • Zauberstäbe • WohlbeHütet	• Die Affen rasen ... • Rangierbahnhof • Hochwasser	• Total von der Rolle • Weltmeisterschaft im ... • Clowns erobern ...	• Windtänze • Stimmungswechsel • Hip oder Hop?
Beispiel	• Reife(n) Leistung?! – Spielen mit einem Objekt	• Höhlenkinder – Spielen in einer Bewegungslandschaft	• Immer an der Wand lang! – Spielen mit einer Bewegungstechnik	• Hexentänze – Spielen mit Musik und Tanz

Zur DTB-Schriftenreihe „Wo Sport Spaß macht"

Seit Anfang 1996 gibt der Deutsche Turner-Bund im Meyer & Meyer Sportverlag die Schriftenreihe „Wo Sport Spaß macht" heraus. Das Motto ist gleichzeitig Programm, denn allen Büchern dieser Reihe ist gemeinsam, dass sie aktuelle Trends und bewährte Angebote unter neuesten wissenschaftlichen Erkenntnissen flott „'rüberbringen" sollen.

Mindestens sechs neue Titel erscheinen jährlich in der Schriftenreihe. Kompetent und praxisnah werden die aktuellen Trends und Entwicklungen im Sport für die Vereinspraxis aufbereitet. Die Themenpalette reicht dabei vom bewährten Kinderturnen über alle Formen von Gymnastik und Aerobic sowie Fitness- und Gesundheitssport für jede Altersstufe bis hin zum Sport mit Älteren „50 Plus".

Mit der Schriftenreihe „Wo Sport Spaß macht" bietet der DTB als Verband für Turnen und Gymnastik einen weiteren Baustein seiner Dienstleistung für die Übungsleiterinnen und Übungsleiter in den Vereinen. Die Schriftenreihe stellt eine sinnvolle Ergänzung des bundesweit flächendeckenden Aus- und Fortbildungssystems im DTB und seinen Landesturnverbänden dar.

Weitere Informationen zum aktuellen Programm der Aus- und Fortbildung sind zu erfragen beim zuständigen Landesturnverband sowie zentral in der DTB-Geschäftsstelle, Otto-Fleck-Schneise 8 in Frankfurt/Main (Tel.: 069 / 67801-0).

Der DTB bietet darüber hinaus weitere Materialien zum Turnen, zur Gymnastik und Aerobic an: Musik-Kassetten und -CDs, Handbücher, Kleingeräte, Sportbekleidung etc. Fordern Sie unverbindlich den aktuellen Katalog an bei der DTB-Fördergesellschaft, Otto-Fleck-Schneise 10a, 60528 Frankfurt/Main (Tel.: 069 / 67801138).

MEYER & MEYER • DER SPORTVERLAG

Von-Coels-Str. 390 · D-52080 Aachen · Tel. 0241/9 58 10-0 · Fax 0241/9 58 10-10
e-mail: verlag@meyer-meyer-sports.com • http://www.meyer-meyer-sports.com

Wo Sport Spaß macht

Koschel/Brinkmann
Spiel – Spaß – Sport für Kinder

104 S., Abb., Tab., Fotos
Broschur, 14,8 x 21 cm
ISBN 3-89124-416-9
DM 24,80/
Sfr 23,-/ÖS 181,-

Ilona E. Gerling
Basisbuch
Gerätturnen ... für alle

ca. 219 S., Fotos, Zeichn.,
Broschur, 14,8 x 21 cm
ISBN 3-89124-537-8
DM 29,80/
Sfr 27,70/ÖS 218,-

Ilona E. Gerling
Kinder turnen
Helfen und Sichern

224 S., Fotos und Zeichn.,
Broschur, 14,8 x 21 cm
ISBN 3-89124-385-5
DM 29,80/
Sfr 27,70/ÖS 218,-

Wilhelm Kelber-Bretz
Kinder machen Zirkus

168 S., Fotos, Broschur,
14,8 x 21 cm
ISBN 3-89124-594-7
DM 29,80/
Sfr 27,70/ÖS 218,-

Jürgen Schmidt-Sinns
Freies Turnen am Trapez

160 S., Fotos, Skizzen
Broschur, 14,8 x 21 cm
ISBN 3-89124-596-3
DM 29,80/
Sfr 27,70/ÖS 218,-

Gisela Stein
Kinder und Eltern turnen

192 S., 50 Geräte-Aufbau-
Zeichn., 35 Illustr., Liedtexte
Broschur, 14,8 x 21 cm
ISBN 3-89124-414-2
DM 29,80/
Sfr 27,70/ÖS 218,-

Bernd Müller
Spaß für alle durch
Kleine Ballspiele

160 S., 75 Grafiken,
Broschur, 14,8 x 21 cm
ISBN 3-89124-486-X
DM 29,80/
Sfr 27,70/ÖS 218,-

Bernd Müller
Spaß für alle durch
Kleine Ballspiele
Band 2

184 S., 122 Zeichn., Tab., Graf.,
Broschur, 14,8 x 21 cm
ISBN 3-89124-487-8
DM 29,80/
Sfr 27,70/ÖS 218,-

Bös/Renzland
Fitness und Fun für
Eltern und Kinder

184 S., 75 Fotos u. Abb.
Broschur, 14,8 x 21 cm
ISBN 3-89124-496-7
DM 29,80/
Sfr 27,70/ÖS 218,-

MEYER & MEYER • DER SPORTVERLAG

Von-Coels-Str. 390 · D-52080 Aachen · Tel. 02 41 / 95 81 00 · Fax 02 41 / 9 58 10 10